무용총
수렵도

벽화 한 장면으로 고구려를 만나다

무용총
수렵도

전호태 지음

풀빛

이 책을 아내 장연희에게 바친다.

책을 펴내며

　벽화의 한 장면을 읽고 한 꼭지의 글로 풀어낸 뒤 그 꼭지들을 모아 한 권의 책으로 낸 일이 몇 차례 있다. 중국 한(漢)대의 화상석(畫像石, 신선의 세계나 역사 고사를 새겨 채색한 그림돌. 중국 한나라 때에 성행하던 것으로, 궁전·사당·무덤의 벽면에 많이 새겨 넣었다)도 그런 방식으로 읽고 풀어 책으로 엮어냈다(《화상석 속의 신화와 역사》, 소와당, 2009). 한 장면을 한 꼭지로 마무리 지으면서도 마음 한쪽에는 한 장면이 한 권도 되는데 좀 아쉽다는 생각이 남아 있었다.

　2016년 가을, 울산대학교 대학원 강의 중에 '사료는 어떻게 읽는가?'를 주제로 별도의 특강 시간을 가졌다. 개괄적인 이해를 위한 도입부에 이어 고구려 무용총 〈수렵도〉와 〈무용도〉를 읽기 방식으로 풀어냈던 경험을 본론 삼아 강의를 펼쳐 나갔다. 사실 역사 분야 전문연구자의 길을 걸으려는 사람들이 먼저 배워야 할 것은 '사료 읽기'라는 것이 필자의 오랜 소신이어서 기획하고 실행했던 강의였다.

2017년 초에는 대학원생 및 교수들이 참여하는 서울대학교 국사학과의 정기 컬로퀴엄에 초청받아 고분벽화를 주제로 발표 겸 강의를 할 기회가 있었다. 필자는 무용총 〈수렵도〉에 초점을 맞추어 '회화 자료를 사료로 읽을 수 있는가?'에 대한 발표와 토론을 시도하였다. 나름 의미 있는 시간이었다.

컬로퀴엄에 참여했던 국사학과 동문 교수에게서 고분벽화도 전혀 다른 분야 연구자가 참고할 수 있는, 대학 신입생이라도 아주 편하게 접근할 수 있는 기본서 혹은 개론서에 해당하는 책이 나와야 할 텐데, 누가 해야겠냐는 식의 제안 아닌 제안을 받았다. 진지하게 고민할 만한 의견이라는 생각에 바로 이 책의 구상에 들어갔다.

중국 길림성 집안(지린성 지안) 고구려 국내성 일대의 돌방무덤, 5세기에 축조된 벽화고분, 고구려 건국 터전 중심의 북방 문화, 고구려 사회의 전통과 습속을 잘 담아낸 고분벽화, 기마사냥이 이루어지는 산간계곡과 들판의 분위기를 그대로 살려낸 고구려 화가의 솜씨, 벽화로 읽어낼 수 있는 고구려인의 관념과 시야, 의식주, 사냥감과 사냥 능력, 사냥 도구.

벽화와 고분을 읽고 풀며 함께 알아낼 수 있는 적지 않은 역사문화 정보를 어떻게 보여줄 것인가에 초점을 두기로 했다. 그림과 사진을 보면서 글을 읽는다면 이해도도 높아지고 관심 역시 더 커지지 않겠는가 생각했다. 주제에 따라 그림을 먼저 보여주고 그에 대한 글을 덧붙이는 방식으로 편집하여, 그림에 대한 이해가 바로 될 수 있도록 하였다.

초고 작업은 각 꼭지의 제목을 정한 뒤 그림과 사진을 먼저 찾아 넣고 글을 덧붙이는 방식으로 이루어졌다. 그림과 사진을 보며 글을 쓴다면 지식 전달 위주가 아닌 말 그대로 이미지 읽기에 가까워질 수 있다는 생각에서다. 꼭지들을 나열할 때 큰 주제로 묶어 본다면 기획의 의도를 더 잘 살릴 수 있겠다는 생각이 들어, 수십 개의 소장을 다섯 개의 큰 주제로 분류하였다. 자료를 참고하기에 앞서 아이디어를 먼저 글판 가운데 올려놓고 천천히 시간을 두어 보태고 빼며 다듬어 나갔다. 가능하면 그림이건 글이건 잘 모르는 상태에서 만남이 시작된다는 느낌으로 작업했다.

고구려 고분벽화는 우리 역사와 문화의 남은 흔적 가운데 가장 생생한 현장 기록이다. 고구려 화가가 자신이 살던 시대의 일상에 '죽은 이는 어떤 세상에 살게 될까?'를 상상하여 더한 결과다. 그 시대 사람들에게는 공감되고 공유되던 장면이 그림의 형태로 우리에게 전해진 경우이다.

그러나 1500여 년이라는 시간이 흐르면서 자연스럽기만 했던 그들의 하루, 낯익은 모습 가운데 우리에게 낯설거나 아예 생소하게 된 부분도 있다. 게다가 지난 수십 년 사이에 한국인의 생활양식과 관념은 그 이전을 이해하거나 상상하기조차 어려울 정도로 달라졌다. 지금은 앞 세대 상식의 일부가 새 세대에게는 다른 사회, 다른 문화의 그것처럼 여겨지기도 한다. 한 세대 사이의 거리도 이 정도로 벌어질 수 있다면 수십 세대 앞의 세상과의 거리가 어느 정도일지는 가늠하기 쉽지 않을 수도 있다. 실제 고구려 고분벽화의 어떤 장면은 재발견

이 이루어진 직후인 20세기 초에도 이미 읽기가 어려운 상징기호에 가까웠다.

다시 100년이 흘렀다. 어느 정도 이해가 가능했던 고구려 고분벽화의 다른 장면들도 상징기호에 가까워지고 있다. 다음 세대의 어떤 이들에게는 벽화의 한 장면 한 장면이 고대 이집트의 그림문자에 가깝게 느껴질 수도 있다. 이 책이 그런 거리감을 좁히고 이질감을 뭉그러뜨리는 의미 있는 징검다리가 되기를 기원한다.

아내는 이런 방식의 글쓰기에 의미와 가치를 부여하며 격려를 아끼지 않았다. 2017년 가을, 초고를 마무리한 뒤 아내에게 리뷰를 부탁하려 했으나 아내의 건강이 허락지 않아 이루어지지 못했다. 새봄이 되기까지 내내 아내 곁을 지켰다. 생의 유일한 벗이자 동행은 결국 건강을 회복하지 못하고 필자 곁을 떠났다. 사랑하고 존경하던 아내 장연희에게 이 책을 바친다.

2018년 7월 초부터 책의 초고를 다시 손보며 도판을 정리하였고 폭염이 기승을 부리는 와중에 필자의 1차 리뷰를 마쳤다. 2019년 봄, 연구년을 맞아 한 번 더 원고를 살펴보며 수정·보완하였다. 책의 출간을 허락한 풀빛출판사에 감사한다.

2019년 여름, 일산 호수공원 곁에서 폭염과 동행하며,

전호태

1부

유
적

1-1 사냥(무용총, 중국 지안)

1-2 무용총 외경(1935년)

1-3 무용총 외경(2004년)

그림 1 무용총의 어제와 오늘

무용총은 어떤 유적인가?

무용총은 중국 길림성 집안시 태왕진 과수촌(옛 지명: 집안현 태왕향 우산촌)에 있다. 우산(禹山) 남쪽 기슭의 완만한 구릉 위에 자리 잡은 2 기의 고구려 시대 흙무지돌방벽화무덤 가운데 북쪽의 것이다. 이 무덤의 북쪽 500m 지점에서 통화-집안을 잇는 도로가 지나며, 동남쪽 1540m 거리에 광개토왕릉비가 있다.

'무용총(舞踊冢)'은 1935년의 최초 조사 당시 널방(시신을 담은 관이 안치된 무덤 속의 방) 동남벽에서 발견된 춤추는(무용) 장면으로 말미암아 붙여진 이름이다. 북한에서는 무용무덤으로 부른다. 중국의 일반적인 표기로는 무용묘(舞踊墓)이다. 1935년 만주국 안동도호부의 학교 감독이 발견하여 신고한 뒤 일본인 이케우치 히로시[池內宏]와 우메하라 스에지[梅原末治] 등에 의해 처음으로 조사되었다. 조사 결과는 池內宏·梅原末治,《通溝》卷下(日滿文化協會, 1940, 15~20쪽, 도판 35~46)

를 통해 공개되었다.

　1956년 무덤에 나무로 만든 문이 설치되었고, 1961년 가을 무덤이 폐쇄되었다. 1962년 5월 부분 수리되었으며, 1963년 6월 무덤 앞에 나무로 만든 설명표지판이 세워졌다. 1964년 8월에는 무덤에 흙무지가 더해졌다. 1966년 통구고분군 전체에 대한 실측, 편호(번호 매기기) 작업이 이루어지면서 집안 통구고분군 우산묘구 제458호묘(JYM458)로 명명되었다. 1975년 6월 무덤이 한 차례 수리되었으며, 1976년 9월 무덤에 흙무지가 다시 더해졌다. 1977년 5월 집안현문물보관소에서 묘도(무덤칸으로 들어가는 길. 무덤길), 묘문(무덤칸 앞에 단 문)을 정비·수리하면서 벽화 보존처리의 일환으로 벽화 면에 화학적 보호막을 입혔다. 1982년 5월 집안현문물보관소에 의해 벽화 모사가 이루어졌다. 1997년 재조사와 실측보고가 다시 이루어졌으며, 2004년 7월 유네스코 세계문화유산에 등재되었다.

　무용총 무덤무지는 밑이 네모진 상태에서 위로 좁혀지다가 끝이 살짝 잘린 듯이 마무리된 방대형(方臺形)이다. 발견 조사 당시 흙무지 밑면 한 변의 길이는 17m, 높이는 4m로 보고되었다. 그러나 1997년의 실측기록에 따르면 흙무지의 밑면 길이×밑면 너비×높이는 13.0m×13.0m×5.0m이다. 무용총은 널길(무덤칸에 이어지도록 설치한 길)과 좌우로 좁고 긴 앞방, 이음길, 널방으로 이루어진 두방무덤(돌방무덤의 한 봉토 안에 앞방과 널방, 두 개의 방이 있는 무덤)이다. 무덤 방향은 서쪽으로 50°기울어진 남향, 곧 서남향이다. 널길의 길이는 1.2m, 높이는 1.2m이며, 앞방과 널방의 길이×너비×높이는 각각 1.0m×

3.3m×2.1m, 3.5m×3.3m×3.55m이다. 이음길의 길이는 1.4m, 높이는 1.3m이다.

앞방은 좌우 길이에 비해 앞뒤 간격이 극히 좁다. 때문에 이 앞방은 널길과 널방 사이에 설치된 두 개의 곁칸처럼 보인다. 정방형인 널방 서편 바닥에는 네 장의 판석으로 이루어진 관대(무덤 안에 관을 얹어 놓던 평상이나 낮은 대)가 놓여 있다. 앞방 천장은 천장선이 천장석을 향하여 아치형으로 휘어 들어가는 궁륭고임(활처럼 길게 굽어 들어가는 형상으로 만든 천장 형태)이고, 널방 천장은 평행고임 위에 팔각고임을 얹은 평행팔각고임이다.

무덤 안의 벽과 천장에 백회를 바르고 그 위에 생활풍속을 주제로 한 그림을 그렸다. 벽화의 상당 부분이 습기 등의 영향으로 떨어져 나가거나 지워진 상태이다. 벽화 채색의 주조는 고요함과 장중함을 느끼게 하는 갈색이다. 앞방과 널방의 각 벽 구석과 벽 상단에는 기둥과 도리(서까래를 받치기 위하여 기둥 위에 건너지르는 나무)와 보(칸과 칸 사이의 두 기둥을 건너질러 도리와는 'ㄴ' 자 모양, 마룻대와는 '十' 자 모양으로 만나는 나무)를 그려 무덤 안이 목조가옥의 내부인 것처럼 느껴지게 하였다.

발굴 조사 당시 벽화는 흑백사진으로 촬영되었다.《通溝》卷下에 실린 채색 도판은 흑백사진의 도판 위에 종이를 올려 덧그린 뒤 색을 입힌 것으로 어떤 면에서는 벽화 모사도에 가깝다. 무용총 벽화 모사도 작업은 발굴, 조사 이후 여러 차례 이루어졌다. 조사 당시 촬영한 흑백사진의 유리건판은 조선총독부박물관에 보관되었다. 현재는 국립중앙박물관 소장품이다.

2-1 도시 전경(1930년대)

2-2 국내성 성벽(1930년대)

2-3 도시 전경(2000년대)

그림 2 유적 환경의 변화(중국 지안)

3-1 통구평야, 1930년대

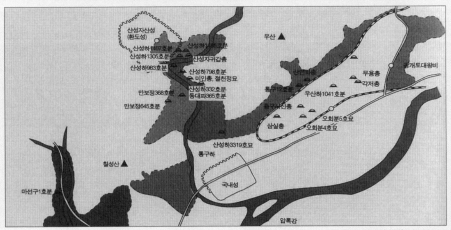

산성자산성
(환도성)
산성하1407호분　산성하1408호분
산성하1305호분　산성자귀갑총
산성하983호분　산성하796호분
만보정368호분　미인총, 절천정묘
만보정645호분　산성하332호분
　　　　　　　동대파365호분

우산 ▲

무용총
각저총
광개토대왕비

산연화총
통구사신총
우산하1041호분
오회분5호묘
삼실총
오회분4호묘

산성하3319호묘

칠성산 ▲

통구하

마선구1호분

국내성

압록강

3-2 고구려 벽화고분 분포도

그림 3 유적 훼손(중국 지안)

수많은 고구려 유적이 사라졌다,
그러나 무용총은 남았다!

'무덤의 도시, 죽은 자의 나라라고 해도 과언이 아니었다. 눈에 닿는 것은 모두 무덤이었다. 이것도 사람의 자취라면 자취다. 그러나 산 자의 거처는 어디에도 보이지 않았다. 얼마나 오랫동안 이렇게 버려졌을까? 언제부터 사람의 자취가 끊어졌을까? 무덤을 지키던 자들은 다 어디로 갔을까? 늑대와 여우조차 다니지 않는 이곳에 도대체 무슨 일이 있었을까? 저 버려진 성은 이 땅이 번영하던 나라의 한가운데였다고 말한다. 저잣거리에 가득한 사람들, 부지런히 오가는 발길, 왁자지껄하는 소리…, 번잡한 발길과 시끄러운 소리 사이로 닭과 개가 쫓고 쫓기던 곳이었음을 흑백의 영상처럼 흘려 보여주는데…'

1880년대까지 압록강 변의 작은 마을 지안은 아득히 오랜 옛날부터 잊힌 땅이었다. 만주족이 세운 중국왕조 청은 이곳을 '조상이 나온 신성한 땅, 일반 백성들이 들어가 살 수 없는 땅'에 포함시켰다. 지안은 왕조가 설정한 불가침의 땅, 봉금(封禁)지역의 일부였다.* 100여 년 이상 이곳은 산삼과 약초를 찾는 조선과 청의 심마니들만 몰래 드나드는 산간계곡의 끝자락에 속했다.

봉금지역이 되기 전 이 땅은 만주족의 터전 가운데 일부였지만 무덤으로 가득한 이곳 지안에 사는 사람은 극히 적었다. 만주족이나 조선 사람에게 지안은 고려의 이웃이었던 금나라 사람들의 옛 도시였고 그들의 흔적을 간직한 곳으로 알려졌다. 여진족이 세운 나라인 금 이전에 이 땅에 어떤 나라가 세워지고 무슨 일이 있었는지 아는 이는 극히 드물었다. 굳이 알려고 하는 이도 없었다. 그저 오래되고 퇴락한 성과 거대한 돌무지무덤, 흙무덤으로 가득한 변두리 땅에 불과했다.

668년 11월, 평양성이 함락되었다. 700년 고구려의 역사가 막을 내렸다. 왕과 대신, 부유한 백성과 손끝이 뛰어난 장인들이 망한 나라의 포로 신세로 당나라의 수도 장안으로 끌려갔다. 고구려는 598년 시작된, 중국의 통일왕조 수와의 충돌 이래 70년 동안 여러 차례 벌어진 전쟁 끝에 멸망한 나라다. 이런 까닭에 요하[랴오허]부터 대동강에 이르는 넓은 땅의 수많은 성과 마을 가운데에는 반쯤 폐허가 된

---

* 1740년 청 왕조는 산해관 동쪽 만주 일원을 봉금지역으로 설정하고 유민의 유입을 막았으나 실효를 거두지 못하였다. 100여 년 뒤 봉금정책은 사실상 의미를 잃게 되었다. 그럼에도 지린성의 끝자락 지안에는 유민이 거의 들어오지 않았다.

곳이 많았다.

그러나 고구려의 두 번째 서울로 오랜 기간 번영을 누렸던 국내성 [지안] 일대는 온전한 채로 남았다. 당나라의 마지막 공격이 시작되기 전 이곳을 근거로 삼았던 권력자 연남생이 당나라에 투항, 망명하면서 국내성과 주변 지역을 당에 바쳤기 때문이다.* 당나라의 대군이 요하를 건너 평양성을 향해 진군할 즈음 국내성 일대는 이미 당의 영토였다.

나라를 되살리려는 전쟁이 고구려 전역에서 일어났다. 당나라와 군사동맹을 맺었던 신라가 고구려 부흥군을 돕기 시작했다. 3년이나 계속된 이 전쟁이 실패로 끝날 즈음 고구려 사람 상당수는 신라, 돌궐, 일본으로 망명 가거나 백두산 동북지역으로 삶터를 옮겼다. 이 와중에 국내성도 버려졌다. 30년 뒤 백두산 동쪽 땅에서 발해가 건국되었지만 국내성으로 되돌아온 옛 고구려 사람은 거의 없었다.

---

* 665년 대막리지(삼국시대 후기, 고구려의 으뜸 벼슬) 연개소문이 죽은 뒤 권력을 이어받은 맏아들 연남생은 지방 순행에 나섰다가 두 동생 남건(男建), 남산(男產)에 의해 막리지 자리를 잃었다. 연남생은 당으로 망명하면서 자신의 지배 아래 있던 국내성과 그 일대의 성들도 당에 바쳤다(개소문이 죽자 장자인 남생이 대신 막리지가 되었다. 처음 국정을 맡고 여러 성에 나아가 순행하면서, 그의 동생 남건과 남산에게 남아서 뒷일을 맡게 하였다. 어떤 사람이 두 동생에게 말하기를 "남생이 두 아우가 꼽박하는 것을 싫어하여 없애려고 하니 먼저 계책을 세우는 게 좋겠습니다." 하였다. 두 동생은 처음에 이를 믿지 않았다. 또 어떤 사람이 남생에게 알리기를 "두 동생이 형이 돌아와 권력을 빼앗을까 두려워하여 형을 막고 들이지 않으려 합니다." 하였다. 남생이 몰래 사람을 보내 평양에 가서 그들을 살피게 했는데 두 아우가 그를 붙잡았다. 이에 왕명으로 남생을 불렀으나 남생은 감히 돌아오지 못하였다. 남건이 스스로 막리지가 되어 병력을 내 그를 토벌하니 남생이 달아나 국내성에 웅거하면서 그 아들 헌성(獻誠)으로 하여금 당에 나아가 구원을 청하게 하였다.《三國史記》卷22,〈高句麗本紀〉10, 寶藏王 25年).

고구려 멸망 뒤 국내성은 역사의 무대에서 잊혔다. 그 뒤 몇십 가구에 불과한 사람이 살던 땅 국내성은 천 년 세월이 흐른 뒤 사람이 살면 안 되는 '신성한 땅'이 되었다. 동아시아를 호령하던 제국 청이 변경지역을 통제할 힘을 잃은 뒤에야 이주민들이 이 땅에 들어오기 시작했다. 일제강점기에 지안은 철로가 부설되고 역이 들어선 만주국의 지방 도시로 조금씩 활기를 찾아갔다. 1925년 1만 3700기나 있는 것으로 조사된 고구려 시대 고분들도 이주민들의 손길을 받으며 10기, 20기씩 사라지기 시작했다. 돌무지무덤의 돌들은 밭을 경작하는 데에는 방해가 되었지만, 집을 건축하는 데에는 도움이 되었다. 무덤 위에, 무덤 사이에 이주민들의 집이 잇달아 들어섰다.

2000년대에 접어들면서 지안은 인구 23만에 중국 지린성의 활기 있는 신도시 가운데 하나가 되었다. 통구평야는 시가지로 바뀌었고 고구려 고분의 수는 6700기 정도로 줄었다. 작은 무덤들은 대부분 사라졌지만 작은 집보다 큰 무덤이나 언덕배기의 외형이 뚜렷한 무덤은 살아남았다. 무용총도 그중 하나다.

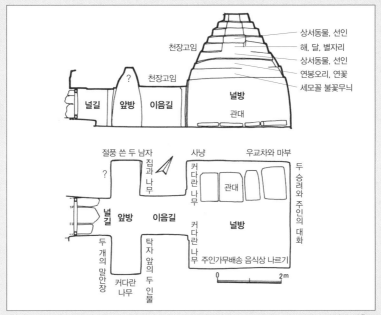

상서동물, 선인
해, 달, 별자리
상서동물, 선인
연봉오리, 연꽃
세모꼴 불꽃무늬

천장고임

천장고임

?

널길 앞방 이음길

널방

관대

절풍 쓴 두 남자
집과 나무

사냥

우교차와 마부

?

두 승려와 주인의 대화

널길 앞방 이음길

커다란 나무

관대

널방

커다란 나무

두 개의 말안장

커다란 나무

탁자 앞의 두 인물

주인가무배송 음식상 나르기

0   2m

4-1 무덤칸 실측도

4-2 널방 전경

그림 4 무용총 내부

5-1 말안장

5-2 두 인물

5-3 사냥(모사선화)

그림 5 무용총 벽화

6-1 주인을 전송하는 가무대

6-2 두 승려의 설법을 듣는 주인

그림 6 무용총 벽화

7-1 하늘세계

7-2 수박희

그림 7 무용총 벽화

8-1 선인들

8-2 승려 설법

그림 8 무용총 벽화

무엇이 그려졌나?

　좁고 긴 앞방의 왼쪽 벽인 동남벽에는 도식적인 형태의 커다란 나무를 그렸다. 무덤길과 이어지는 입구 서남벽은 둘로 나뉘는데, 서면 벽화는 남아 있지 않고, 남면에 표현된 벽에 걸린 두 개의 말안장은 남아 있다.

　오른쪽 벽인 서북벽에는 머리에 절풍(折風)을 쓰고 고구려 특유의 점무늬 바지와 저고리를 입은 두 남자를 묘사했다. 안벽에 해당하는 동북벽도 서남벽처럼 둘로 나뉘었다. 북면에는 지붕 위에 연봉오리가 장식된 집과 나무, 동면에는 탁자를 사이에 두고 마주 앉은 두 인물이 묘사되었다. 널길 벽과 천장, 앞방 동남쪽의 서남벽, 앞방 천장 궁륭부, 이음길의 벽화는 남아 있지 않다.

　널방의 왼벽인 동남벽은 화면이 둘로 나뉘어 왼편에는 안벽인 동북벽을 향하여 음식상을 나르는 여인들을 그렸다. 화면 오른편에는 말을 타고 어디론가 나가는 주인을 노래와 춤으로 배웅하는 가무대(歌舞隊)를 묘사하였다. 널방 입구인 서남벽의 좌우 두 벽에는 각기 한 그루씩의 커다란 나무를 그렸다.

널방 오른벽인 서북벽에는 화면 오른쪽 3분의 2지점에 커다란 나무를 그려 경계목으로 삼은 다음, 그 왼편에는 사냥장면을, 오른편에는 위아래로 두 대의 우교차(牛轎車)와 마부를 그렸다. 왼편의 사냥 그림은 시원스러운 공간배치와 생동감 있는 필치로 말미암아 초기 및 중기 고구려 고분벽화의 대표작으로 알려진 그림이다.

널방 안벽에 해당하는 동북벽에는 무덤주인이 두 사람의 승려와 대화를 나누는 장면을 묘사하였다. 두 승려는 이목구비가 뚜렷하면서도 얼굴색이 거무튀튀하여 이들이 고구려 사람이 아님을 미루어 짐작하게 한다. 화면 하단에는 관모 쓴 인물 일곱 사람을 같은 간격으로 배치하였는데, 얼굴만 남고 나머지 부분은 지워졌다.

널방 천장고임 벽화는 비교적 상태가 양호하며 내용도 풍부하다. 널방 벽과 잇닿는 평행고임 1단에는 커다란 세모꼴 불꽃무늬를 좌우로 이어 그렸고, 평행고임 2단에는 하늘로 떠오르는 연봉오리와 연꽃을 번갈아 묘사하였다. 이러한 표현은 정토에서는 연꽃에서 태어난다는 불교 낙원의 탄생 방식에서 비롯된 것이다.

평행고임 3단에는 각종 상서동물과 선인(仙人)을 그렸다. 동남면에는 청룡과 나무, 평상에 앉은 선인들을 묘사하였다. 둘 중 오른쪽 선인은 반가좌의 자세로 평상에 걸터앉아 종이에 무엇인가를 쓰고 있으며 왼쪽 선인은 평상 위에 앉은 채로 비스듬히 몸을 뒤로 젖혔다.

서남면 한가운데에는 수탉을 연상시키는 암수 주작 한 쌍이 마주 보며 서 있다. 서북면에는 혀를 길게 내민 채 오른쪽을 향하여 달려가는 백호와 거문고를 타는 두 선인을 그렸다. 두 선인의 소매와 바지 끝이 좌우로 갈라졌으며 그 끝이 뾰족하고 날카롭다. 동북면에는 역사(力士, 뛰어나게 힘이 센 사람) 두 사람이 격투기인 수박희(手搏戲)에 열중하는 모습을 그렸다. 역사 가운데 한 사람은 코가 높고 눈이 큰 서역계 인물이다.

5단에 이르는 팔각고임 천장에는 해와 달을 비롯한 각종 별자리와 상서동물, 피리를 불거나 거문고를 타는 선인, 백학을 타거나 날개 없이 하늘을 날아다니는 선인들이 묘사되었다. 이들 사이로 평행고임 2단에 그린 것과 같은 연꽃과 하늘을 상징하는 구름이 점점이 흩어져 있다. 해는 붉은 원안의 검은 세발까마귀로, 달은 노란 원안의 두꺼비로 표현되었다. 별자리 사이의 연꽃은 평행고임 2단의 연꽃과 같이 갈고리꼴 꽃받침과 받침 줄기를 지녔으며 꽃잎 끝이 뾰족하고 꽃술과 꽃잎 맥이 측면에서도 투시되었다.

9-1 1935년

9-2 1990년대 초반

그림 9 벽화의 변화: 사냥(무용총)

10-1 1935년

10-2 1980년대   10-3 1990년대

그림 10 벽화의 변화: 기마사냥꾼(무용총)

과거와 현재, 무엇이 달라졌나?

    1935년 이루어진 발굴 조사 당시 두 승려와 대화하는 무덤주인의 모습, 사냥과 무용 장면 등은 구성 인물이나 배경을 확인하는 데에 어려움이 없었다. 화면 아래쪽이 거의 남아 있지 않아도 화면 중심부 그림은 선과 채색이 비교적 선명한 상태였다.* 물론 화면 곳곳에는 큼직큼직하게 백회가 떨어져 나간 부분이 여럿 있었다.

    그런데 1980년대 후반에 촬영하여 중국에서 공개한 벽화 사진, 1990년대 전반 현지 조사 과정에서 촬영한 사진 속 인물이나 기물, 산수 등은 원래의 모습과 큰 차이를 보이는 부분이 적지 않다.** 무용총을 유명하게 한 사냥장면의 경우, 새깃 장식 절풍을 머리에 쓴

---

* 무덤칸 안의 습도가 높아져 과포화 상태가 되면 천장 가운데와 바닥 부분부터 이슬 맺힘 현상이 나타난다. 이런 까닭에 천장고임 중심과 무덤칸 바닥에 가까운 부분 벽화가 먼저 손상된다. 천장 덮개돌과 무덤칸 벽 하부의 벽화가 잘 남지 않게 되는 것도 이 때문이다.

기마인물의 말은 머리 일부와 앞발 쪽 몸통이 거의 사라졌다. 기마 사냥꾼이 말 위에서 몸을 돌려 화살을 겨누던 두 마리의 자색 사슴은 머리와 뒷다리 일부만 남아 있다. 좌우로 이어진 산줄기도 붉은색의 작은 산봉우리는 아예 사라지고 노랗게 채색된 큰 산봉우리 일부만 보인다. 물결처럼 흘러 지나가듯 보이는 산줄기를 배경으로 빠른 속도로 펼쳐지던 사냥터의 급박한 분위기가 더는 느껴지지 않게 되었다. 호랑이를 뒤쫓으며 활을 겨누던 기마인물은 두 깃 절풍과 말의 머리 부분, 뒷다리 쪽을 모두 잃었다. 검은 두건을 머리에 쓴 채 수사슴을 쫓던 인물의 상반신도 상당 부분 없어졌다. 온전하던 사슴도 머리와 엉덩이만 일부 남았다.

사냥장면 화면 왼쪽에서 말을 타고 나오던 주인공의 모습도 크게 훼손되었다. 일제강점기 조사 당시 사냥터를 향하던 기마인물의 모습은 오른쪽 허리에 찬 화살통 부분 외에는 온전한 상태였다. 그러나 1980년대 사진 속의 이 인물은 하반신이 전혀 보이지 않고 상반신도 앞쪽이 훼손되었다. 말의 뒷다리 쪽은 아예 사라지고 머리 위 두 귀 부분도 벽화가 없어진 상태이다. 1990년대 사진에서는 벽화 훼손 부분이 더 많아져 말의 머리 앞부분과 앞다리와 가슴 일부만 남았다.

무용총은 5세기 중엽 이전에 축조된 무덤이다. 무덤이 축조되고 벽화가 제작된 뒤 1500년 정도가 흐른 뒤 발견, 조사되었다. 고구려

** 필자는 1991년 4월 제2회 아시아사학회에 참석하기 위해 중국 장춘을 방문했을 때, 일행과 함께 지안의 무용총과 각저총 벽화를 실견하였다. 당시에도 벽화는 그림 10-3과 같았다. 이후 한국과 일본의 학자와 언론인들이 잇달아 이 유적을 방문하여 필자가 보았듯 발견 당시보다 벽화 보존 상태가 나빠졌다는 사실을 확인하였다.

멸망 뒤 도굴꾼의 손길을 탔으나 벽화는 오랜 기간 비교적 안정된 상태로 보존되었다. 그러나 20세기에 이르러 벽화가 발견, 조사된 뒤 50여 년 만에 원형 파악이 어려울 정도로 대거 훼손되었다. 조사 이후 유적의 보존 조치가 제대로 이루어지지 못한 까닭이다.

고구려 화가들은 무덤 안 벽화가 어떤 환경 속에 있게 될지 잘 알고 있었다. 무덤주인의 몸을 누인 관이 돌방 안에 놓이고 무덤이 폐쇄되면 무덤 안의 온도와 습도는 크게 바뀌지 않고 유지된다. 무덤을 축조한 사람들은 벽화를 그린 백회 위에서 미생물이 번식한다 해도 채색된 안료가 덮일 정도에 이르지는 않을 것이라는 사실도 예측했을 것이다. 그러나 무덤 문이 활짝 열리고 사람들이 무덤 안을 자유롭게 드나들게 되자 천천히 흐르던 시간이 급류처럼 빨라진 것이다. 미생물의 번식도 빨라지고 백회 위에 점점이 맺히던 이슬도 빗물처럼 흘러내릴 정도가 되었다. 벽화의 생명이 얼마 남지 않은 듯해 가슴이 먹먹해진다.

11-1 감신총 발굴(북한 남포, 1913년)

11-2 발굴 뒤 감신총 내부

그림 11 훼손된 벽화

12-2 기마인물
(쌍영총 벽화편, 국립중앙박물관)

12-1 관모를 쓴 두 남자
(동암리벽화분 벽화편, 북한 조선중앙력사박물관)

12-3 기마인물(쌍영총, 북한 남포, 1913년)

그림 12 훼손된 벽화

훼손과 복원, 보존과학으로 할 수 있는 일

　고분벽화는 어떤 방식으로든 훼손된다. 무덤을 만들고 벽화를 그리는 동안에도 시간이 흐르기 때문이다. 게다가 무덤 안과 밖의 환경이 사람들이 예상했던 그대로 유지되지도 않는다. 하루하루의 기온, 습도도 이전과 같지 않고 계절별 기후도 이전과 다를 수 있는 까닭이다.

　고분벽화가 원형을 심하게 잃기 시작하는 때는 무덤 도굴이 이루어지는 순간부터다. 도굴을 겪게 되면 무덤 안에서 안정적으로 유지되던 온도와 습도가 크게 흔들린다. 외부로부터 새로운 공기가 흘러들면서 느리게 이루어지던 미생물의 번식이 빨라진다. 온·습도의 변화 폭도 커져 무덤칸 벽과 천장에서 이슬 맺힘 현상이 심해진다. 무덤칸의 천장과 벽을 타고 물이 흘러내리거나 벽화가 그려진 석회층이 높은 습도를 이기지 못하고 부풀어 오르다가 벽과 천장에서 분리

되어 조각조각 바닥으로 떨어지는 현상도 발생한다. 무덤칸을 덮었던 흙이 도굴꾼이 뚫어 놓은 구멍으로 흘러들어 무덤칸을 가득 채우면, 이 흙이 눈비로 젖어 벽화를 훼손시키는 원인으로 작용하기도 한다.

일제강점기에 1차 조사된 동암리벽화분은 처음에는 벽화가 없는 고분으로 판단되었다. 실제 조사자들이 무덤 안을 가득 채운 흙을 들어낸 뒤 살펴본 무덤칸의 벽과 천장은 말끔했다. 그러나 해방 뒤, 북한학자들이 2차 조사한 다음 내린 결론은 생활풍속을 주제로 한 벽화가 그려졌던 '벽화분'이었다. 조사자들이 무덤칸의 바닥에서 크고 작은 벽화 조각을 상당수 발견하여 수습한 까닭이다.

그렇다면 나머지 벽화 조각들은 어디로 갔을까? 일제강점기 1차 조사 당시 무덤 안의 흙을 들어낼 때 흙 속에 섞여 함께 버려진 것이다. 어느 시기엔가 무덤이 도굴된 뒤 방치된 구멍으로 흙이 흘러들어 무덤 속을 채워 나갔을 것이다. 눈비로 젖은 흙은 벽화 석회층을 부풀어 오르게 하다가 결국에는 잘게 조각내어 흙 속에 떨어져 섞이게 했으리라.*

오랜 시간이 흐른 다음 한 무리의 일꾼이 무덤 속의 흙더미를 작은 손수레에 담아 무덤 근처 어딘가에 부릴 때 벽화 조각들도 말끔

---

* 손가락 마디 크기로 조각난 벽화는 이런 상태를 예측하고 흙더미를 유심히 살펴보거나 무덤 밖에서 채로 걸러내지 않는 한 찾아내 수습하기 어렵다. 고고학자가 유적의 성격과 상태를 충분히 파악하려 노력하며 발굴 조사에 들어가야 하는 것도 이 때문이다. 유적을 조사하면서 고분과 가까운 곳에 설치되는 제사 유구를 찾지 못하는 것도 조사 대상의 성격과 당시의 관행 등에 대한 사전 검토가 충분치 않았기 때문일 수 있다.

히 버려진 것이다. 다행히 일부 벽화 조각들은 무덤칸 바닥과 구석에 떨어진 그대로 남아 있었다. 이 조각들이 북한학자들의 눈에 띈 것이다. 2차 조사에 나선 사람들 덕에 우리는 고구려 사람들의 저고리며 바지, 모자, 신발, 음식 조리 도구 가운데 새로운 유형을 알아내 이미 알려진 것에 더할 수 있게 되었다.

심각한 훼손으로 말미암아 벽화의 원형을 아예 알 수 없는 경우는 어쩔 수 없다. 그러나 일부라도 남아 있고, 참고할 수 있는 다른 사례도 있다면 벽화의 복원도 시도할 수 있다. 쌍영총은 일제강점기인 1913년 발견·조사되었는데, 커다란 도굴 구멍이 두 개나 뚫려 있었다. 이런 까닭에 벽화가 제대로 남아 있는 부분이 적었다. 조사가 끝난 뒤에도 제대로 보존 조치가 뒤따르지 않아 누구나 쉽게 무덤 안을 드나들 수 있었다.

당시 민간에는 장티푸스나 콜레라 같은 전염병에는 무덤 안의 오래된 석회 덩어리가 약이라는 속설이 퍼져 있었다. 전염병을 두려워하는 사람들에게 무덤칸 벽과 천장에 석회를 바른 뒤 그 위에 벽화를 그린 고구려 벽화고분은 하늘이 내려준 '약재' 창고나 마찬가지였다. 쌍영총 벽화도 무덤 속 석회를 가져다가 끓여 먹으려는 사람들로 말미암아 큰 피해를 보았다. 일제강점기에 쌍영총 널길 벽의 벽화 일부가 뜯겨 나간 것도 이 때문이다.

쌍영총 널길 벽화는 조각조각 깨져 나갔고 그중 일부는 수습되어 조선총독부박물관에 옮겨졌다. 이후 수십 조각으로 잘게 부수어진 채 수습된 벽화편(片) 가운데 두 개는 국립중앙박물관 보존과학실

연구자들에 의해 복원되었다. 고구려 전시실에 전시된 기마인물상이 그것이다.

그러나 본래 이 기마인물상도 말의 머리와 인물의 허리, 말 엉덩이 위쪽은 사라진 상태였다. 보존과학자들은 이 부분을 복원하여 떨어진 상태이던 두 조각을 하나로 붙였다. 쌍영총 기마인물상은 1세대 보존과학자들이 원래의 기마인물상 흑백사진과 다른 고분벽화의 말 형상을 참고하여 정성 들여 복원 작업을 시도한 끝에 이루어낸 귀중한 성과물이다.

고구려 고분벽화의 복원 작업에는 나날이 발전하는 디지털 복원 기술도 활용할 수 있다. 북한과 중국에 남아 있는 벽화고분 가운데 보존 환경이 안정적이지 못하여 벽화 보존 상태가 나빠지는 사례도 있다. 이런 사실을 고려하여 기존의 보고서 및 촬영된 사진, 모사도를 활용한 고분벽화 디지털 복원에도 관심과 노력을 기울여야 할 것이다.

13-1 앞방 무덤주인

13-2 널방 무덤주인

13-3 앞방 천장고임 견우

13-4 이음길 마부

그림 13 화가들의 공동작업(덕흥리벽화분, 북한 남포)

고분벽화에서 무엇을 읽고 설명할 수 있는가?
왜, 무엇을, 어떻게 그리며 후세에는
어떻게 이해되는가?

고분벽화는 주문을 받아 그리는 그림이다. 당연히 주문한 사람이 있고 그리는 사람이 있다. 주문한 내용이 있으며 그리는 솜씨와 습관이 있다. 무엇을 그려달라고 할 때는 뜻이 있어서다. 무덤에 묻힐 사람이 죽은 뒤 가기 원하는 어떤 세상이 있을 수 있다. 죽은 자와 가족, 그림 그리는 사람이 지금 사는 곳을 새 삶터의 본으로 삼을 수 있다. 주문한 이가 믿는 저세상에 대해 알려진 것, 상상으로 묘사되거나 종교 경전에 표현된 모습이 그림의 바탕이 될 수도 있다.

그림 그리는 사람은 여러 가지 색을 내는 재료들을 구해 민어 부레며 개가죽, 바다풀을 삶아 만든 아교에 섞어 그림 그릴 준비를 해야 한다. 색을 내는 돌을 가루 낸 것이나 열매며 씨앗, 풀, 꽃을 으깬 것 외에 금이나 은 같은 금속 광물질도 안료로 마련한다. 밑그림 그린 종이를 석회벽 위에 대고 뾰족한 죽필 같은 것으로 형태를 잡아준 뒤 석회벽 위에 직접 선을 긋기도 하여 그릴 준비를 마친다.

　무덤칸 안의 벽과 천장 모두를 캔버스로 삼아 그림을 그려 넣으려면 화가 한 사람의 힘으로는 부칠 수가 있다. 보통 화가는 한 사람 이상의 제자가 자신을 돕게 한다. 그림의 밑 선을 넣을 때도, 색을 넣을 때도 일을 나누어서 한다. 이런 까닭에 무덤주인을 그린 무덤칸 안벽과 좌우 벽의 그림, 무덤 입구 널길 벽의 그림과 천장고임 그림은 개성도 다르고 솜씨의 차이도 드러내기 쉽다. 덕흥리벽화분이나 장천1호분에서는 무덤 앞방과 널방 벽, 천장고임 벽화를 그린 사람의 솜씨 차이가 뚜렷하다.

　그림을 위한 밑 선을 바탕으로 색을 넣은 뒤 화가는 인물이나 동물, 여러 가지 도구와 무늬의 둘레를 검은 선으로 마무리한다. 형체를 뚜렷이 드러내기 위해서다. 채색 과정에서 안료가 번진다고 해도 이런 과정을 거쳐 보정할 수 있다. 실제 벽화의 등장인물이나 배경의 선이 또렷해지면 화면도 한결 생생해진다. 물론 밑그림 선 없이 벽화를 그리기도 한다. 안악2호분 벽화에 등장하는 비천은 능숙한 필치로 한 번에 그림이 완성된 경우이다.

　벽화의 한 장면 한 장면은 특정한 용도와 기능에 맞춘 공예화이다. 그러나 어떤 밑그림도 유형은 두 가지 이상인 경우가 일반적이다. 이런 까닭에 화가는 어떤 유형을 택할지 결정할 수 있고 세부적인 수정도 가능하다. 화가는 알려진 밑그림을 바탕으로 재량껏 화면 구성을 바꾸어 나갈 수도 있다. 색의 선택과 배열, 무늬의 종류 및 배치 등도 화가의 손에 달려 있다. 벽화에는 그 시대에 공유된 화법과 화가 개인의 필력이 함께 담긴다.

고분벽화는 제작 이후, 오랜 기간 어둠 속에 있다가 재발견과 조사를 거쳐 세상의 빛을 보게 된다. 물론 그 이전에 도굴로 외부 공기와 접촉되고 사람들의 손길이 더해지면서 벽화가 원형을 잃기도 한다. 발견 및 조사가 이루어지는 동안 벽화는 촬영되고 모사된다. 벽화의 채색층에서 이루어지는 미생물의 번식 등을 막기 위해 화학적인 코팅 등의 보존과학 조치가 뒤따르기도 한다.

벽화고분에 들어간 조사자는 벽화의 어떤 부분이 어떤 상태로 남아 있는지를 꼼꼼히 들여다본다. 이어 벽화 내용에 대한 이해도 시도한다. 가상 복원 방식으로 원형 추적에 나서기도 한다. 1500년 전 그려진 벽화의 한 장면이나 한 제재를 읽어내는 일은 전문연구자에게도 때로 벅차다. 종횡으로 여러 분야의 정보와 지식이 조합되면서 벽화 해석의 실마리를 찾아가기 마련이다.

벽화의 보존 상태가 시간의 흐름, 환경 조건의 변화에 따라 달라지듯이 벽화 해석이 더 구체적으로 되거나, 때로 내용이 바뀌는 것도 벽화 연구의 한 과정이다. 벽화 이해는 벽화 발견 이후 벽화를 중심으로 이루어지는 역사의 일부라고 할 수 있다.

실제 무용총이 발견되어 조사되면서 이루어진 각 장면의 이해는 유적 연구의 역사이자 고구려 문화사 복원의 한 과정이라고 할 수 있다. 고구려사, 삼국시대사, 한국사, 동아시아사, 아시아사의 한 부분이기도 하다. 한국 미술사, 동아시아 미술사, 세계 미술사의 일부로서 한국 벽화사의 한 가닥이기도 하다.

2부

사
냥

14-1 무용총, 1935년, 흑백사진

14-2 컬러도판

그림 14 사냥

한 그림에서 읽어낼 수 있는 36가지

①유적 개요 ②유적 환경의 변화 ③벽화 내용 ④유적의 과거와 현재 ⑤벽화 훼손과 보존과학 ⑥벽화 읽기 ⑦사냥 그림 ⑧사냥터 ⑨사냥터의 짐승 ⑩고기 요리 ⑪몰이사냥 ⑫기마사냥과 활쏘기 ⑬활과 화살 ⑭말 ⑮말갖춤 ⑯화가 ⑰한국과 중국의 〈사냥도〉 ⑱얼굴 ⑲절풍 ⑳새깃 장식 ㉑새 신앙 ㉒명궁과 새깃 ㉓모자 ㉔허리띠 ㉕신발 ㉖저고리와 바지 ㉗길쌈 ㉘산 ㉙나무 ㉚구름무늬 ㉛기둥 ㉜들보 ㉝벽화 감상 ㉞벽화 제작 순서: 밑그림과 채색 ㉟비중비례 기법 ㊱이시동도 기법

무용총 사냥 그림

　사냥터에 등장하는 한 사람과 사냥에 열중하는 세 사람은 각각 머리에 절풍과 흑건을 썼다. 네 사람 모두 저고리와 바지를 걸쳤고 말을 탔으며 등자에 발을 걸쳤다. 말의 재갈과 고삐, 안장, 말의 몸을 장식한 여러 가지 작은 기물들은 삼국시대 기마문화 관련 주요 연구 자료다.

　기마사냥꾼들은 소뿔을 재료로 만든 고구려의 맥궁을 사용하여 소리울림 화살촉이 달린 화살로 사슴과 호랑이를 겨누고 있다. 주색의 사슴들은 호랑이보다 크다. 주인공으로 보이는 인물은 달리는 말에서 몸을 뒤로 돌려 화살을 겨누고 당기려 한다. 사냥은 급박하게 진행되어 배경을 이루는 산들은 물결치듯 흐르고 먼 것은 나무와 숲도 보이지 않는다. 가까운 산은 희고 먼 산은 붉고 누렇다. 사슴과 사냥꾼 사이의 커다란 새구름무늬는 이 사냥이 내세 삶터의 넓은 공간을 무대로 이루어짐을 보여준다.

사냥장면에 등장하는 사람과 말, 도구는 5세기경 고구려에서 사용되던 것이다. 사냥 대상이 된 짐승들은 하늘에 제사 지내는 제물로도 쓰이고 양식이나 옷, 의약품으로도 사용되었다. 사냥장면에 묘사된 것 하나하나가 고구려인의 형상, 습성, 사회관계와 신분제, 의복, 음식, 무기, 도구, 제철 및 제련 등의 과학기술, 의료, 종교와 신앙, 제사의식을 추적하고 복원하며 이해하기 위한 연구 자료로 사용될 수 있다.

화면에 보이는 색채, 선, 형태, 제재의 배치 등은 무용총 벽화를 제작할 당시의 화법, 안료, 아교, 색감 등을 파악하는 데에 큰 도움이 된다. 화가가 화면을 구성하면서 어떤 시점에 바탕을 두고 제재를 표현하였는지, 사람과 동물의 신체 비율 및 상호비례 관계, 사람의 형상과 자세를 어떤 방식으로 즐겨 묘사했는지, 넓은 공간을 화면 안에 넣을 때 제재의 대소와 밀도, 비례 등을 어떻게 조절했는지도 알 수 있게 한다.

15-1/15-2 기마사냥(무용총, 중국 지안)

15-3 사냥(덕흥리벽화분, 북한 남포)

15-4 개(장천1호분, 중국 지안)

15-5 개(각저총, 중국 지안)

그림 15 기마사냥과 개

사냥 그림 읽기

아니야. 네가 그 화가가 되어도 모를 수 있어. 자기가 그리는 것 안에 뭐가 있는지 모르는 경우도 많거든. 그려달라는 대로 그릴 때는 더 그렇지. 그러기 쉬워. 그린 사람이나 그려달라는 사람이 못 보는 걸 네가 볼 수도 있어. 사람은 다 보는 게 각각이니까. 그걸 모아놓으면 새 그림이 나올 수도 있지. 그러면 원래의 그림과 얼마나 같고 다를까? 그림은 같은데 해석만 달라질까? 어떨까?

그림을 들여다보면, 다 달라. 겉만 그리는 화가도 있고 그 반대도 있어. 어떤 작품 안에는 한 세계가 온통 그대로 담겨 있기도 해. 사냥 그림에는 새깃으로 가득한 절풍을 머리에 쓴 무덤주인이 무심한 얼굴로 화면에 등장해. 그러고는 말을 몰아 달려 나가. 산과 들을 가르고 옅은 안개, 풀 냄새, 나무 기운 같은 걸 뚫고 나가. 말은 숨이 밭아지면서 헉헉거리지만, 주인은 손톱만치도 흔들림 없이 달리는 말 위에서 시위를 겨눠. 활줄을 뒤로 깊게 당겼다가 놓는 거야.

말이 달리는 방향과 반대쪽, 뒤로 몸통을 돌린 주인이 급히 달아나던 사슴 한 쌍에게 잇달아 화살을 날려. 순간, '쉭' 하며 살이 우는 소리가 사슴의 귀를 당기는 거야. 사슴이 멈칫거리는가 싶던 바로 그때, 바람을 가르며 날던 화살이 사슴 목덜미에 깊숙이 꽂혀. 주인은 고삐 줄을 놓은 채 몸을 돌려 화살을 날린 뒤에도 차분해. 주인의 단단한 눈매며 입 언저리가 보는 사람의 눈에 확 비춰 들어오는 거야.

화면의 어딘가에선 개들이 짖어. 목덜미에서 피 흘리며 달아나는 사슴의 뒤를 이 개들이 뒤쫓는 거지. 산자락 이 끝에서 저 끝까지 달려온 주인은 말고삐를 휘어잡으며 방향을 튼다든가 하지 않아. 제 방향으로 몸을 돌린 뒤 말고삐를 풀어주며 천천히 가는 거야. 말도 쉬고 사람도 쉬고. 같이 온 사냥꾼들이 산자락 건너편에서 호랑이며 노루와 달음박질치는 소리가 아련히 들려오지만, 주인은 개의치 않아. 때가 되면 개들이 짖을 거고, 그리로 가면 땅에 코 박고 엎드러진 사슴이 보일 테니까. 할 일은 이미 다 한 거지.

화가는 그런 장면을 머리에 그렸을 수도 있고, 제대로 그리지 못했을 수도 있어. 사냥터에서 나는 거친 숨소리며 울부짖는 소리, 외마디 비명, 공기를 가르는 쇳소리, 풀이 덩어리째 짓이겨지고 나뭇가지가 부러지는 소리를 듣지도 보지도 못했을 수도 있으니까. 그래도 화가는 그릴 수 있는 거지.

밑그림[모본]이 있으면 화가는 거기서 그림을 읽어내는 거야.* 그림쟁이의 감각으로 선 긋고 칠하면서 사냥터의 사람과 짐승, 나무와

풀, 바위며 바람 같은 걸 냄새 맡고 소리 듣고 할 수도 있거든. 그러니 화가지. 화가는 뭔가 달라도 달라. 그들만이 할 수 있는 일이 있지. 활잡이가 활을 잘 알듯이, 깊이 들어가면 다 제 생각이 있고 제 손과 발이 있어. 달라. 다~ 다르지. 다르고말고.

---

* 그림 15-3은 화가가 사냥 그림의 모본을 바탕으로 그린 그림의 전형적인 사례이다. 달리는 말이 뒤를 돌아보며 주인이 쏜 화살이 짐승에게 제대로 맞는지 보는 건 비현실적이기 때문이다. 말은 달리면서 앞만 본다. 말을 타고 달리던 기사가 몸을 옆이나 뒤로 돌려 활을 쏘는 파르티안 샷은 가장 어려운 활쏘기 기법이다. 이런 고난도의 궁술을 구사하는 기사는 명궁이자 영웅이다. 사냥장면에서 주인공이나 주요한 인물만 파르티안 샷을 구사하는 것으로 묘사하는 것도 이 때문이다. 그러나 어떤 경우에도 달리는 말이 뒤돌아보지 않는다는 사실을 감안하면 그림 15-3을 그린 화가는 이런 장면이 상식에 배치되는지 여부를 고민하기보다 이미 주어진 밑그림에 충실하려 애썼다고 할 수 있다. 5세기 남포지역 고분벽화 사냥장면에는 그림 15-3과 같은 표현이 여러 차례 발견된다.

16-1 고구려의 첫 서울 졸본의 산자락(중국 환런)

16-2 졸본의 숲

16-3 몽골 평원(몽골 울란바토르)

그림 16 사냥터

사냥터

사냥터는 넓어. 게다가 온갖 게 뒤섞여 있지. 사냥꾼이 천리마를 타고 달려도 뭐 하나 잡으려면 산자락 몇은 뒤져야 해. 골짜기며 들판을 한나절 내내 쏜살같이 달리고 또 달려도 손에 변변한 것 하나 못 쥘 때도 있어. 아름드리나무 사이를 뒤지고 깊은 숲 언저리를 이리저리 헤집더라도 토끼 한 마리 튀어나오지 않으면 그만이야. 그냥 지나가는 거지. 그래서 개가 있어야 해. 눈이 깊고 그 안에 뻘건 불이 흐르는 그런 놈, 귀는 바짝 서고 꼬리는 힘 있게 말려 올라가야지.

세 아름, 네 아름이 되는 나무는 밑동부터 나무줄기 몇 배야. 굵지! 뿌리는 넝쿨처럼 구불거리며 사방으로 뻗어 나가. 좌우로 서로 얽히기도 하고. 사이로 커다란 구덩이가 깊게 패어 있기도 하지. 그런 데는 곰이 살아. 오소리니 너구리니 하는 놈들이 제 굴로 삼기도 하지만, 곰이 들어오면 비켜줘야지.

뭐랄까? 그런 거대한 나무들은 땅속 깊은 곳에서 한 세계를 이뤄.*
하늘 높은 곳에서도 한세상 이루지. 꼭대기도 밑동처럼 넓고 크게 가
지를 뻗어 잎이 더미를 이루거든. 하늘과 닿는 곳에서도 깊은 거야.

그런 데서는, 새만 둥지를 틀지 않아. 발 달린 온갖 짐승들도, 심지
어 사람도 터를 만들어 지낼 수 있어. 사람이라기보다는 사람의 형상
을 한, 뭐 다른 것일 수도 있고. 여하튼 그야말로 한 세계인 거지.

사냥터 한번 머릿속에서 그리고 손으로 나오게 해서 눈으로 보게
하려 해도 그 안에 뭐가 많아 어려워. 간단치가 않아. 봐! 숲의 냄새,
샘가 물 흐르는 소리, 가재며 피라미 사이로 흔들거리는 이끼, 투명
하게 비치는 모래, 반짝이며 매끄럽게 흐르는 자갈, 폴짝거리는 개구
리, 풀잎 위의 이슬과 여치, 살짝 물결 일게 하는 방게, 그 위를 떠다
니는 소금쟁이, 짐승과 사람 사이를 가리는 부들이며 갈대, 개구쟁이
아이 키 높이로 뻗어 오른 쑥대, 큰 범 엉덩이 내리기 좋은 너럭바위,
굵은 장대 숲같이 솟은 절벽.

사냥꾼이 되려면 말 위에서도 온갖 소리를 듣고 냄새를 맡을 수
있어야 해. 다 가려낼 수 있어야 한다고. 부스럭거리는 소리, 씩씩거
리는 소리, 헐떡거리는 소리, 새근거리는 소리, 사각거리며 몰래 걷
는 소리, 분을 삭이지 못해 푸르럭거리는 소리, 그런 걸 귀에 담으려

---

* 고분벽화의 사냥장면에는 경험과 관찰, 상상과 전설이 두루마리 그림처럼 잇달아 펼쳐
지기도 하고 한 화면에 오버랩 되기도 한다. 장천1호분 〈사냥도〉의 거대한 나무 밑동 굴속
의 곰은 현실 공간의 존재이기보다 신화의 한 장면에 등장하는 주인공에 가깝다. 곰은 동
북아 신화세계의 주연 가운데 하나이다. 고구려를 가리키는 일본어 '고마'는 곰에서 비롯
된 말이다.

다 자신이 내는 크고 작은 소리까지 듣게 돼. 귀를 바짝 세우고 있노라면 때로 말의 심장이 뛰는 소리와 제 심장이 뛰는 소리가 섞여 들려오기도 하고. 말과 하나가 되어 앞으로 가기도 하고 섰다가 뒤로 돌아가기도 하면서 골짜기며 숲가에서 한나절을 보내는 거야. 길게 흘렀다고 여겨도 한 식경 정도고, 짧게 마쳤다고 해도 종일일 때가 있어.

그래, 조심스레 숨죽이고 있다가 한순간 말과 사람이 하나인 채 용수철처럼 튀어 올라. 그러면 숲이고 골짝도 갑자기 깨어나지. 다들 놀라 뛰며 달려. 온갖 소리가 엉키고 휘돌지. 외마디 비명에 가까운 소리가 나뭇잎 사이를 뚫고 지나가기도 해. 주변이 온통 시끄럽다가도 뭔가 서로 부딪는 듯한 소리 사이로 '쉭' 하며 살이 우는 소리가 나면 갑작스레 다 멈춰. 짧게 비명이 울리고 잠시 끙끙거리는 소리가 더해지다가 곧 조용해지지. 그게, 사냥터야!

17-1 꽃사슴(경주 오릉)

17-2 호랑이(무용총, 중국 지안)

17-3 개(각저총, 중국 지안)

17-4 멧돼지와 사슴(장천1호분, 중국 지안)

17-5 사슴(무용총)

그림 17 사냥터의 짐승들

사냥터의 짐승들: 개, 사슴, 호랑이, 돼지

사람과 함께 살게 된 첫 짐승은 개다. 제 발로 사람의 곁에 와 친구가 된 경우이다. 개는 약 1만 5천 년 전 사람의 첫 가축이 되었지만, 사람이 붙잡아 길들인 짐승이 아니다. 슬금슬금 사람의 마을로 들어와 음식을 얻어먹으며 사람을 주인이자 우두머리로 삼아 함께 살게 되었다.

개과 짐승들은 무리 생활을 하며 우두머리를 중심으로 한 서열이 뚜렷하다. 우두머리를 따르며 제 할 일을 해야 무리 안에서 살 수 있다. 그렇지 않으면 죽임을 당하거나 쫓겨난다. 사람과 함께 살게 된 개도 서열과 규율에 철저하다. 사람과 살게 된 개가 하게 된 가장 주요한 일 가운데 하나가 주인 곁을 지키며 사냥을 보조하는 일이었다.

무용총 〈수렵도〉에는 주인의 사냥을 따라 나온 검은 개가 등장한다. 덕흥리벽화분의 〈견우직녀도〉에도 견우를 떠나보내는 직녀를 따라 은하수 앞까지 따라온 검은 개가 보인다. 집을 지키고 주인을 따라다니며 호위견 역할을 하는 개일 것이다. 안악3호분에는 부엌 옆 고기창고 앞을 어슬렁거리는 검은 개 두 마리가 그려졌다. 두 마리 개의 태도에서 요리와 상차림에 바쁜 부엌의 시녀들 가운데 한 사람이 뭔가 주지 않을까 하는 바람이 읽히기도 한다. 아마 이 개 두 마리도 평소에는 집 마당에서 지내다가 주인이 사냥 나갈 때는 사냥개로 따라 나갔는지도 모른다.

무용총 〈가무배송도〉의 말 탄 주인을 따라가는 개는 희다. 장천1호분의 〈백희기악도〉에도 잘 만든 목줄이 걸린 커다란 흰 개가 나온다. 오환(烏桓)족을 비롯하여 동몽골 및 만주 지역을 삶터로 삼던 민족들에게 개는 죽은 이의 혼을 조상들의 세계로 안내하는 영혼인도견이다. 동북아시아에 죽은 사람과 개를 함께 묻는 관습이 있었던 것도 개가 영혼을 인도한다는 관념이 있었기 때문이다.

사슴도 사람과 하늘 사이를 잇는 짐승 가운데 하나이다. 고구려의 건국시조 주몽은 자신의 뜻을 하늘에 있는 아버지 해모수에게 알리기 위해 사슴을 쓴다. 흰 사슴을 붙잡아 거꾸로 매달아 슬피 울게 한 것이다.* 아니나 다를까 해신 해모수는 아들의 뜻을 알고 하늘에서 큰비를 내려 송양왕의 도성을 물에 잠기게 한다. 결국 산신(山神)이

---

* 서쪽을 순행하다가 사슴 한 마리를 얻었는데 해원(蟹原)에 거꾸로 달아매고 저주하기를, "하늘이 만일 비를 내려 비류왕의 도읍을 잠기게 하지 않는다면 내가 너를 놓아주지 않으리니, 이 어려움을 면하려거든 네가 하늘에 호소하라." 하였다. 그 사슴이 슬피 울어 소리가 하늘에 사무치니 장맛비가 이레를 퍼부어 송양의 도읍을 물에 잠기게 했다. 송양왕이 갈대 밧줄로 흐르는 물을 가로지르며 오리 말을 타고 백성들은 모두 그 밧줄을 잡아당겼다. 주몽이 채찍으로 물을 긋자 물이 곧 줄어들었다. 6월에 송양이 나라를 들어 항복하였다 한다. 《東國李相國集》卷3, 〈古律詩〉, 東明王篇.

된 단군왕검의 자손임을 자랑스러워하던 송양왕은 하늘 해신의 아들 주몽에게 항복하고 나라를 바친다.

무용총의 주인이 기마사냥을 나가 한 쌍의 사슴을 뒤쫓는 것도 하늘에 제사 지낼 희생제물을 얻고자 해서이다. 한 무더기 새깃으로 장식된 절풍을 머리에 쓰고 '파르티안 샷'이라는 어려운 자세로 한 쌍의 사슴을 향해 화살을 날리는 무덤주인의 모습! 이런 순간이 〈사냥도〉에 잘 묘사된 이유도 그것이 화면 구성에서 가장 중요한 부분이었기 때문일 것이다. 화가는 화면 가운데 배치된 호랑이 사냥장면이 사슴 사냥장면보다 작고 비중이 낮은 듯이 느끼도록 묘사했다. 이 역시 사슴 사냥이 중요했던 까닭이리라. 고구려가 아니라도 한국 및 동아시아의 다른 고대 국가에서 호랑이를 희생제물로 썼다는 역사기록은 아직 확인되지 않는다.

고구려가 복속시킨 한반도 중북부 동해 변의 동예에서는 호랑이를 신으로 섬겼다고 한다. 조선시대까지 한반도 만주 일원의 산골짝 주민들은 호랑이를 신으로 섬겼다. 호랑이가 사람을 해치지 않기를 바라는 마음에서다. 호랑이는 산신령과 동일시되기도 했다. 불교사원의 산신각에 산신령과 호랑이가 같이 그려진 그림이 모셔진 것도 본래는 둘이 하나였기 때문이다.

멧돼지도 고구려 사람들의 사냥 대상 가운데 중요하게 여겨졌던 짐승이다. 장천1호분에는 거대한 멧돼지를 창과 화살로 사냥하는 장면이 묘사되었다. 도보 창꾼은 온 힘을 다해 달아나는 멧돼지 앞을 가로막은 채 긴 창을 겨누었다. 말을 달려 뒤를 쫓아오던 기마사냥꾼은 희생물의 엉덩이 쪽을 겨눈 활시위를 막 놓으려 한다.

돼지는 국왕이 참석하는 제사용 희생제물이기도 했다. 이런 돼지
는 신성한 존재로 여겨져 상처를 입히거나 흠집이 나게 하면 관리자
가 벌을 받았다. 탁리와 사비는 제천의식에 쓸 제사용 돼지가 달아나
자 이를 붙잡아 다리 심줄을 끊었다가 유리왕의 명령으로 죽임을 당
했다.* 제사용 돼지가 달아나 고구려가 새로 옮겨 갈 서울 자리, '위
나암'을 알게 했다는 기사도 있다.** 고구려 주통촌의 한 처녀는 달
아나 그 마을로 온 제사용 돼지를 붙잡아 주었다.*** 이 일이 인연이
되어 처녀는 왕과 인연을 맺어 동천왕을 낳았고 산상왕의 작은 왕비

---

* 가을 8월에 제사 지낼 돼지가 달아나므로 왕이 탁리(託利)와 사비(斯卑)를 시켜 이를
쫓게 하였다. 장옥(長屋)의 늪 가운데에 이르러 이를 찾아내어 (두 사람이) 칼로 그 다리
의 힘줄을 끊었다. 왕이 듣고 화를 내며 말하기를 "하늘에 제사 지낼 희생에 어찌 상처를
낼 수 있는가?" 하고, 드디어 두 사람을 구덩이 속에 던져 넣어 죽였다.《三國史記》卷13,
〈高句麗本紀〉1, 琉璃王 19年.

** 봄 3월에 하늘에 제사 지낼 돼지가 달아났으므로 왕이 희생(犧牲)을 담당하고 있는
설지(薛支)에게 명하여 이를 찾게 하였다. 국내(國內) 위나암(尉那巖)에 이르러 그것을
찾아내어 국내인의 집에 가두어두고 이를 기르게 하고 돌아와 왕을 뵙고 아뢰기를 "신이
돼지를 쫓아 국내 위나암에 이르렀는데, 그 산수가 깊고 험준하며 땅이 오곡을 키우기에
알맞고, 또 순록, 사슴, 물고기, 자라가 많이 생산되는 것을 보았습니다. 왕께서 만약 도읍
을 옮기시면 단지 백성의 이익이 무궁할 뿐만 아니라 전쟁의 걱정도 면할 만합니다." 하였
다.《三國史記》卷13,〈高句麗本紀〉1, 琉璃王 21年.

*** 겨울 11월에 하늘에 제사 지낼 돼지[郊豕]가 달아났다. 맡았던 이가 뒤를 쫓더니 주
통촌(酒桶村)에 이르러 머뭇거리다가 잡지 못하였다. 20세쯤 된 아름다운 여자가 웃으며
앞질러 가 이를 잡은 다음에야 뒤쫓던 사람이 잡을 수 있었다. 왕이 듣고 이를 이상하게
여겨, 그 여자를 보려고 몰래 밤에 여자의 집에 이르러 시중드는 사람을 시켜 말하게 하였
다. 그 집에서 왕이 온 것을 알고 감히 거절하지 못하였다. 왕이 방으로 들어가 여자를 불
러서 상관하려 하자, 그 여자가 아뢰기를 "대왕의 명을 감히 피할 수 없으나, 만약 상관하
여 아들을 낳으면 버리지 말기를 바랍니다."라 하였다. 왕이 이를 허락하였다. 자정이 되어
왕이 일어나 궁으로 돌아왔다.《三國史記》卷16,〈高句麗本紀〉4, 山上王 12年.

가 되었다. 고구려 사람들에게 돼지는 하늘의 뜻을 알게 하는 신성
한 짐승이었다.

18-1 고기창고(안악3호분, 북한 안악)

18-2 고기 손질(동암리벽화분 벽화편, 북한 조선중앙력사박물관)

그림 18 고기 요리

고기 요리

"왕자님, 손 다치셨어요?"

"아, 예. 형수님, 고기 좀 썰다가 손도 약간 썰었네요. 다행히 고기에는 피가 묻지 않았습니다."

"가만 계세요. 제가 이걸로 묶어드릴게요. 금방 피가 멎을 거예요."

"아니, 그러시기까지. 굳이 치맛자락을 찢지 않으셔도 되는데…. 손가락 묶음을 띠는 저한테도 있습니다."

고국천왕의 왕비 우씨는 왕의 둘째 동생 연우가 첫째 동생이자 제형인 발기를 제치고 산상왕으로 즉위할 수 있게 도운 인물이다. 그덕에 우씨는 2대에 걸쳐 왕비로 살았다. 우씨는 고국천왕이 죽자 몰래 궁을 빠져나갔다. 왕의 동생 발기와 연우를 잇달아 찾아간 왕비는 누가 자신을 더 잘 거두어줄 수 있을지를 알아보았다. 발기는 엄

했고 연우는 부드러웠다.

발기는 왕위를 함부로 논한다며 형수를 엄하게 꾸짖었다. 발기와 달리 연우는 한밤중 홀로 자신을 찾아온 형수에게 간이 잘 배어든 ⑺ 고깃덩어리를 썰어 대접하는 성의를 보였다. 왕비 우씨는 고기를 썰다 손가락을 벤 연우를 자신의 새 배우자 겸 보호자로 점찍었다.

한밤중 형수를 왕궁까지 바래다준 연우는 형 고국천왕이 세상을 뜨기 전 후계로 지명하였다는 우씨의 한마디로 왕의 자리에 올랐다.* 연우가 형수 우씨에게 대접한 고기는 기르던 소나 돼지를 잡아 소금에 절여 훈제한 것일까? 사냥에서 얻은 노루나 멧돼지를 소금에 절여 열과 연기를 쐬 잘 보관하던 것일까?

안악3호분 벽화의 고기창고에는 멧돼지와 노루가 통째로 걸려 있고 노루만 한 크기의 커다란 고깃덩어리도 갈고리에 달려 있다. 마선

---

* 처음에 고국천왕이 죽었을 때, 왕후 우씨가 비밀리에 초상난 것을 알리지 않고 밤에 왕의 동생 발기(發岐)의 집으로 가서 말하기를 "왕이 후손이 없으니 그대가 마땅히 이어야 합니다." 하였다. 발기가 왕이 죽은 것을 알지 못하고 대답하기를 "하늘이 정하는 운수는 돌아가는 곳이 있으므로 가볍게 의논할 수 없습니다. 하물며 부인이 밤에 돌아다니는 것을 어찌 예(禮)라고 하겠습니까?"라 하였다.

왕후는 부끄러워하며 곧 연우의 집으로 갔다. 연우가 일어나서 의관을 갖추고, 문에서 맞이하여 앉히고 술자리를 베풀었다. 왕후가 말하기를 "대왕이 돌아가셨으나 아들이 없으므로, 발기가 연장자로서 마땅히 뒤를 이어야 하겠지요. 그러나 첩에게 다른 마음이 있다고 하면서 난폭하고 거만하여 당신에게 온 것입니다." 하였다. 이에 연우가 더욱 예의를 차리며 친히 칼을 잡고 고기를 썰다가 잘못하여 손가락을 다쳤다. 왕후가 치마끈을 풀어 다친 손가락을 싸주고, 돌아가려 할 때 연우에게 말하기를 "밤이 깊어서 예기치 못한 일이 있을까 염려되니, 그대가 나를 궁까지 바래다주시오." 하였다. 연우가 그 말에 따랐다. 왕후가 (연우의) 손을 잡고 궁으로 들어가서, 다음 날 새벽에 선왕의 왕명이라 속이고, 여러 신하에게 명령하여 연우를 왕으로 삼았다.《三國史記》卷16, 〈高句麗本紀〉4, 山上王 1年 5月.

구1호분 벽화의 고기창고에는 꿩을 비롯한 새들이 여러 마리 깃털째 나무걸대에 나란히 걸려 있다. 장끼나 까투리, 오리며 고니 등은 화살로 쏘아 떨어뜨리거나 사냥매를 날려 잡았을 것이다. 노루며 멧돼지는 몰이꾼을 앞세운 비교적 규모 있는 사냥을 통해 잡았음이 거의 확실하다.

그러면 노루만 한 크기의 고깃덩어리는 어떤 짐승에게서 나온 것일까? 크기로 보면 소나 말, 아니면 곰? 사냥으로 곰이 잡혔다는 기사는 보이지 않는다. 장천1호분 벽화 〈사냥도〉에 곰은 나무 밑 동굴 속에 숨은 채 사냥꾼들의 시야에서 벗어나 있다. 소는 귀족들의 수레를 끌었고 말은 사냥과 전쟁에 나갈 때 귀족들에게 없어서는 안 되는 짐승이었다. 고구려 귀족들에게 소나 말은 현대의 자동차 엔진이나 든든한 장갑차에 가까웠다. 그래도 나라 사이에 맹세의식을 치르거나 하늘에 제사 지내는 큰 행사 때에는 소나 말이 희생제물로 쓰였다. 고기창고의 큰 고깃덩어리는 소나 말 가운데 하나였을 것이다.

추수 뒤 가을철 사냥에서 잡은 짐승의 고기는 춥고 긴 겨울을 견딜 수 있게 하는 귀중한 식량으로 쓰였다. 비록 춥고 건조해도 고기를 장기간 보존하기 위한 몇 가지 방식이 동원되기 마련이었다. 고기를 소금에 절인 뒤 그늘지고 바람이 잘 통하는 곳에 걸어두어 어느 정도 건조되면 동굴 속이나 지하의 움처럼 서늘한 곳에 보관하는 방법이 쓰이기도 하고, 소금에 적당히 절인 상태에서 장시간 열과 연기를 쐬어 보존성을 높인 뒤 움이나 동굴에 두는 방법도 있다. 고구려 고기 요리로 잘 알려진 맥적(貊炙)도 신선한 상태의 고기를 그대로 구웠기보다는 일정 시간 이상 절이면서 숙성시키거나, 잘 절여서 적절히 말린 고기를 재료로 썼을 수 있다.*

---

* 서진(西晉) 무제(武帝) 태시(泰始, 265~274) 연간 기록에 진의 귀인 부호들이 호상(胡牀), 맥반(貊盤)에 강자(羌煮), 맥적(貊炙)을 차려놓고 연회를 즐기는 풍속이 있었음을 기록하고 있다.《搜神記》에는 맥적을 장과 마늘로 조리하여 불에 굽는 고기를 일컫는다는 기록이 있다. 이 시기 기록에 보이는 맥(貊)은 고구려를 가리킨다.

19-1 약수리벽화분 벽화 모사선화, 북한 남포

19-2 안악1호분, 북한 안악

19-3 약수리벽화분, 북한 남포

19-4 통구12호분 벽화 모사선화, 중국 지안

그림 19 사냥

몰이사냥

사냥이 시작되기 전, 말 타고 활 쏘는 자, 창 들고 달리는 자, 숲의 짐승을 몰아내는 자들은 사냥터로 삼은 숲이며 들판, 산기슭 곳곳에서 각각 어떤 역할을 할 것인지 거듭 머릿속에서 되뇌게 된다. 몰이꾼들은 그물 치듯이 숲에 둥글고 넓게 퍼져 풀숲과 나무 사이로 다니며 북과 꽹과리를 치고 소리를 지른다. 숨었던 짐승들이 시끄러워서라도 숲을 떠나 들판으로 나가게 만든다.

창 들고 달리는 자들은 숲과 들이 만나는 숲 언저리께 짐승 흔적이 남은 길목 바위 곁이며 나뭇등걸 뒤에 숨어 기다리고, 말 타고 활 쏘는 자들은 들판 한편을 이리저리 오가며 때를 기다린다. 함성은 점점 커지고 한순간 암소만큼 커다란 멧돼지가 씩씩거리며 튀어나오기도 하고, 노루며 고라니가 놀란 표정으로 들판 한가운데로 뛰쳐나가기도 한다. 토끼며 족제비 같은 것은 숲 언저리 바위틈으로 되돌아나무 사이 덤불로 뛰어들어 몸을 감추기도 한다.

　말들이 달리고 화살이 날며 창을 내지르는 기합 소리로 들판과 숲이 소란스러워진다. 짐승들은 이리 뛰고 저리 뛰며 제 살길을 찾는다. 등과 엉덩이에 화살을 맞은 멧돼지는 간신히 숲 언저리로 되돌아와 커다란 나무줄기 사이로 다시 뛰어들 참이다. 그런데 아뿔싸, 아름드리나무 사이로 다부진 어깨, 굵은 팔뚝, 야무진 눈매의 사나이 하나가 뛰쳐나오며 멧돼지의 가슴팍을 향해 긴 창을 내지른다. 어미 곰보다 큰 호랑이는 콧잔등 곁을 스친 화살에 놀라 달아나던 걸음에 힘을 더한다. 기마사냥꾼 곁을 달리는 개가 짖는 소리가 짐승들의 울부짖음과 섞이며 숲과 들판 사이를 휘젓는다.

　숲과 들판, 산자락으로 이어지는 대규모 몰이사냥은 진행 과정이 군사작전과 크게 다르지 않다. 기습 공격을 감행하려고 몰래 숲에 매복한 적군은 자신들이 포위된 것도 모른 채 때가 되어 지휘관이 신호 내리기만 기다린다. 갑작스러운 함성, 징과 꽹과리 소리. 당황한 적군이 어찌할 바를 모를 때 포위한 아군 군사들이 그들을 향해 짓쳐들어오면, 매복했던 적군은 우왕좌왕 흩어지며 이리저리 쫓겨 다니다가 급기야는 들판으로 쏟아져 나온다. 저들을 기다리던 장창부대와 기마병사들이 화살을 쏘고 창을 내지르며 닭 모이 주워 먹듯 적들을 풀밭에 엎드러뜨린다. 승부의 추는 이미 한쪽으로 기운 지 오래고 남은 것은 누구의 전공이 얼마만큼이냐뿐!

유리는 어려서부터 남달랐다. 어릴 때 활로 참새 쏘기를 좋아했다. 유리가 한 부인이 물동이를 이고 가는 것을 보고 활을 쏘아 구멍을 냈다. 여자가 노하여 욕하며 말하기를, "아비도 없는 녀석이 내 물동이를 쏘아 뚫었구나." 하였다. 유리가 크게 부끄러움을 느끼며 진흙 덩이를 쏘아 물동이 구멍을 막아 전과 같이 만들고 집에 돌아와서 어머니에게 물었다. "제 아버지는 누구입니까?"

《東國李相國集》卷3, 〈古律詩〉, 東明王篇.

동명성왕과 그 뒤를 이은 유리명왕은 뛰어난 활쏘기 능력을 지닌 명궁 중의 명궁이었다. 부여나 고구려에서 말 타고 활쏘기에 능하지 않다면 그를 왕이나 귀족이라고 하기는 어려웠다. 뛰어난 기마 능력과 궁술에 더하여 자신을 믿고 따르는 다수의 인물을 적재적소에 배치하여 목표를 이루어낼 수 있는 판단력과 추진력을 지니고 있어야 지휘관으로 전쟁에 나가고 전투를 치를 수 있지 않겠는가? 전투 현장의 지휘관은 예측 불가능한 상황을 수시로 맞닥뜨려도 빼어난 임기응변으로 위기를 돌파해 나가야 한다. 갖가지 유형의 사냥은 고구려 왕실의 남자들과 귀족에게는 현장 지휘능력을 갖추고 발전시켜 나가는 데에 더없이 좋은 기회였다. 몰이사냥은 대규모 전투에 대비한 모의 실전 훈련에 해당했다.

20-1 마사희(덕흥리벽화분, 북한 남포)

20-2 사냥(약수리벽화분, 북한 평양)

그림 20 기마궁술

21-1 기마인물형 토기(국립중앙박물관)

21-2 기마사냥(엘란가쉬 암각화, 러시아 알타이)

그림 21 기마사냥

기마사냥과 활쏘기

    사냥은 본래 식량을 확보하기 위한 생업 활동이다. 그런데 사냥을 하다 보면 자연스레 전투 능력이 향상된다. 숲이나 초원, 산간계곡에 숨어 있는 짐승을 찾아내거나 숨었던 짐승이 바깥으로 뛰어나오게 하는 과정은 적군을 수색하거나 유인하여 모습을 드러내게 하는 훈련과 다르지 않기 때문이다. 넓은 공간에서 조직적으로 진행되는 몰이사냥을 통해 짐승들이 탁 트인 공간에 나오게 하는 것도 적군을 공략하기 좋은 장소로 나오게 하는 모의 훈련에 가깝다. 도보사냥과 기마사냥을 혼합하여 멧돼지와 같은 큰 짐승을 앞뒤에서 몰고 가로막는 방식도 보병과 기병을 함께 움직여 적군의 진로와 퇴로를 막는 협공 작전과 크게 다르지 않다.

    사냥은 신에게 바치는 희생제물을 확보하는 수단이기도 하다. 주로 기마사냥으로 잡는 큰 사슴 종류나 매사냥의 주 대상인 꿩, 기러기 등은 희생으로 올리는 짐승으로 높은 가치가 매겨졌다. 곰, 호랑이 등은 사냥의 대상이 되는 대형 포유류지만 신에게 바치는 제사 짐승으로서는 높은 가치가 부여되지 않았다. 제사에 쓰이는 희생제물은 사람과 신 사이의 대화를 잇는 메신저 역할을 해야 했으므로 이에 해당하는 짐승과 새가 선택되었다.

화살을 주로 사용하는 기마사냥의 대상은 빠르게 달리는 짐승인 사슴이나 고라니, 혹은 산양이다. 긴 창을 도구로 쓰는 도보사냥으로는 이런 짐승을 잡기 어렵다. 달리는 말 위에서 화살을 당기려면 두 손을 모두 써야 하므로 고삐를 놓을 수밖에 없다. 비록 등자에 발을 걸고 있다고는 하더라도 말을 타고 달리며 두 손을 자유롭게 쓰려면 말과 사람이 서로에게 극히 익숙해야만 한다. 두 발을 땅에 딛기보다 말 위에서 보내는 시간이 더 편할 정도로 말타기가 몸에 배어 있어야 할 수도 있다. 실제 몽골과 알타이초원의 유목민들은 아이가 제 발로 걷고 뛰는 데 익숙할 정도가 되면 말타기를 가르친다고 한다.

활쏘기 역시 수렵민이나 유목민에게는 철들기 전부터 배워 익숙해져야 하는 점에서 생존술의 한 종목이라고 할 수 있다. 신화적 서술 가운데에는 주몽이 강보에 싸인 아기 때에 어머니 유화가 만들어 건네준 활을 가지고 놀았다는 기사가 있다. 아직 걷지도 못하는 아기가 작은 화살을 쏘아 방 안을 날아다니는 파리를 맞추어 떨어뜨렸다는 것이다. 고구려 사람들 사이에도 아기가 사물을 분간할 즈음에는 활을 손에 쥐여줄 정도로 활쏘기 훈련이 일찍 시작되었음을 알 수 있다.

총과 화약, 대포로 무력화되기 전까지 말을 타고 달리며 활을 쏘는 기마전사들은 말 그대로 천하무적이었다. 높은 기동력에 정교한 궁술이 더해지면 소수의 기마병으로도 수십 배 숫자가 많은 보병군단을 제압할 수 있었다. 실제 소수의 거란족 기병이 중앙아시아의 광대한 지역을 아우르며 새로운 나라를 세우거나 여진 기병 수십 기로 수천을 헤아리는 한족 보병을 제압한 사례가 역사적 사실로 확인된다.

고구려에서 왕이 참관하는 국가적 규모의 사냥대회를 통해 장수될 사람을 선발한 것도 기마궁사의 군사적 능력을 높이 평가한 까닭이다. 고구려 평원왕 때에 혜성처럼 나타난 장수 온달은 정기적인 사냥대회를 통해 기마궁술 능력을 평가받고 높은 지위에 오른 대표적인 인물이다. 고구려의 초등 교육기관인 경당에서 글 읽기 외에 활쏘기를 가르친 것에서도 국가적 차원에서 특별히 중요시한 것이 무엇이었는지를 알게 한다.* 겨우 걷고 뛰는 나이부터 활쏘기며 말타기로 단련된 고구려인의 기마사냥 능력이 어느 정도였고 기마 전투력이 어떤 수준이었는지는 알고도 남을 만하지 않은가?

---

* 습속은 서적을 아낀다. 형문(衡門)·시양(廝養)의 집안에 이르기까지 큰길[街衢]에 각기 커다란 집[大屋]을 짓고 이를 경당이라고 하였다. 혼인하기 전의 자제(子弟)는 이곳에서 밤낮으로 책을 읽고 활쏘기를 익혔다.《舊唐書》卷199上,〈列傳〉149上, 東夷 高麗.

파르티안 샷은 기마궁술의 백미(白眉)이다. 말을 타고 달리면서 몸을 돌려 뒤쫓는 적에게 화살을 날리는 난도 높은 기술을 아무나 구사하기는 어려웠다. 게다가 파르티안 샷으로 정확히 목표물을 맞히는 수준에 이르려면 오랜 훈련과 실전 경험이 필요했다. 파르티아와 전쟁이 잦았던 로마는 주로 전차부대를 동원했고 파르티아는 기마전사들로 맞섰다. 로마군사들은 말을 달리면서도 자유롭게 화살을 쏘아대는 파르티아 기마전사들에게 강한 인상을 받았다. 특별히 말 위에서 몸을 돌리며 화살을 날리는 신기한 궁술은 늘 로마인의 입에 오르내렸다. 기마궁사들이면 구사해야 하는 이 기사법에 파르티안 샷이라는 이름이 붙은 것도 이 때문이다.

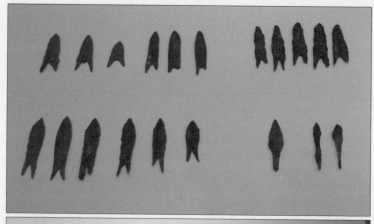

그림 22 화살촉

활과 화살

"그 사람의 몸에서 작은 창 같은 것이 날아갔어요. 던진 것 같지는 않은데, 하여튼 빠르게 날아갔죠. 그래요! 뭔가 둥근 막대에 줄 같은 걸 걸고 거기에 그 작은 창을 걸더니 날렸어요. 걸린 줄을 길게 뒤로 당겼다가 놓으니 그 작은 창이 순식간에 눈에서 사라졌어요. 날아간 거죠. 너무 빨라 창이 날아간 쪽으로 눈을 돌리지도 못했는데, 달려가던 사슴이 펄쩍 뛰어오르다가 풀숲 속으로 툭 떨어졌어요. 그게 다예요. 너무 무서워서 그 자리에 주저앉아 눈을 감았어요. 꼼짝 않고 있었죠. 그 사람이 나를 볼까 봐 무서워 아무 소리도 내지 않고 가만히 숨죽이고 있었어요."

누가 활과 화살을 처음 만들었을까? 활은 시대를 앞뒤로 나누고 사람들을 두 무리로 나누었다. 활을 가진 자들은 빠르게 달아나는 작은 짐승도 잡을 수 있게 되었고 가지지 못한 자들은 무리 지어 큰 짐승을 뒤쫓아야 했다. 큰 놈이건 작은 놈이건 잡을 수 있는 자들과 그렇지 못한 자들 사이에는 건널 수 없는 넓고 깊은 강이 흐르게 되었다.

고대 중국인에게 동방 사람들은 활을 잘 쏘는 자들이었다. 그들이 잡기 어려워하는 작고 빠른 짐승도 화살 하나로 맞추어 달음박질을 그치게 하고, 하늘 높이 날아가는 기러기도 동방 사람들의 화살 하나면 키 큰 나무 열매 떨어지듯 땅에 떨어지게 했다. 고대 중국인들은 동방 사람들의 화살이 자신들에게 향하면 어떤 일이 일어날지 잘 알고 있었다.

고구려 사람들은 소뿔이나 소뼈 여러 개를 이어 만든 활채에 소의 심줄로 만든 줄을 걸었다. 뿔활[각궁(角弓)]로 알려진 이 활은 고구려인, 곧 맥인(貊人)들이 쓰는 활이라는 뜻의 맥궁(貊弓)으로도 불렸다.*
맥궁은 본래 말을 탄 채 사용할 수 있게 개발된 짧은 활의 일종이다. 한 자리에 머물러 서서 대상물을 향해 천천히 활줄을 당기는 긴 활은 활채도 길어 화살이 장거리를 날아갈 수 있다. 이에 반해, 말을 타고 달리거나 빠른 속도로 움직이며 활줄을 당겨야 하는 짧은 활은 화살이 날아갈 수 있는 거리가 짧다.

말을 타고 달리면서 화살이 멀리 날아가게 하는 활을 사용할 수

---

* 구려는 맥(貊)이라 부른다. 별종이 있는데, 소수(小水)에 의지하여 사는 까닭에 이를 소수맥(小水貊)이라 부른다. 좋은 활이 생산되니 이른바 맥궁(貊弓)이 그것이다.《後漢書》卷85,〈列傳〉75, 高句麗.

있다면? 상상만으로도 감탄사와 탄식이 동시에 터져 나올 일이다. 그런 활을 쓰는 사람들과 맞닥뜨린다면 지키는 자, 막아내려는 사람들에게는 얼마나 무서운 일인가? 반면, 그런 활을 쓰는 사람들로서는 말 그대로 신나고 통쾌한 일 아닌가? 고구려 사람들이 쓰던 맥궁이 바로 그런 활이었다!

고구려 초기 중국 한나라 변방 군현의 병사들은 언제 고구려 기마병이 들이닥칠지 몰라 전전긍긍했다고 한다. 고구려 땅에서 먼 거리에 있어도 밤새 달려온 기마병들이 사거리가 긴 맥궁 화살 세례를 퍼붓기 시작하면 당해낼 재간이 없어서였을 것이다. 백발백중을 자랑하는 고구려 기마궁사들의 활 솜씨를 잘 아는 한나라 병사들로서는 사거리도 길지 않은 자신들의 활로 이들과 맞상대하기는 역부족임을 잘 알고 있었기 때문이리라. 섣불리 고개를 내밀고 활을 겨누기에는 상대가 너무나 빠르고 강하다는 생각이 들지 않았겠는가?

용도에 따라 다양한 형태와 길이로 개발된 고구려의 화살 역시 중국왕조의 병사들에게는 두려움의 대상이었음이 확실하다. 날아가면서 쇳소리를 내는 울림화살촉, 뚫고 깊이 박혀 드는 긴 화살촉, 상처를 넓게 하며 많은 피를 흘리게 하는 도끼날이나 은행잎 형태의 화살촉들이 길고 짧은 화살대에 꽂혀 날아오면 성이며 보루를 지키던 중국왕조 군현의 병사들은 고개를 숙인 채 두려움에 떨었을 것이 틀림없다.

한강과 임진강 곁 고구려 유적에서는 매우 다양한 형태의 화살촉들이 출토된다. 고구려의 보루와 성채를 지키던 병사들이 사용하던 것들이다. 고구려군이 남긴 화살촉들은 신라 및 백제 병사들이 사용하던 것들보다 형태가 다양하다. 유적에 따라 끝이 뾰족한 것보다 넓적한 것이 많이 발견되기도 하는데, 보통 끝이 편평하게 벌어지거나 부드럽고 둥글게 휜 화살촉은 사냥용으로 쓰이는 경우가 많았다. 끝이 넓적한 화살촉을 맞은 짐승은 피를 흘리며 달아나더라도 오래 버티지 못하고 쓰러지는 까닭이다. 전선에서 성채를 지키며 긴장 속에 날을 새고 달을 보내던 고구려 병사들에게 어쩌다 나가는 사냥은 짐승고기 요리로 배를 채울 귀중한 기회였을 것이다.

23-1 말 떼(몽골 울란바토르)

23-2 조랑말(제주도)

그림 23 말

24-1 새깃 장식 절풍 쓴 기사

24-2 관모 쓴 고구려 귀족

그림 24 기마(무용총)

말

　처음에 말을 살 때 공주가 온달에게 말하였다. "부디 시정(市井)의 말은 사지 말고, 반드시 병들고 야위어서 버려진 국마(國馬)를 사 오세요." 온달이 공주의 말대로 했는데, 공주가 부지런히 말을 먹였더니 그 말은 날로 살찌고 건강해졌다. 고구려에서는 항상 3월 3일이면 낙랑(樂浪)의 언덕에 모여 사냥을 하고 그날 잡은 멧돼지와 사슴으로 하늘과 산천의 신에 제사를 지냈는데, 그날이 되면 왕이 나가 사냥하고 여러 신하와 오부(五部)의 군사들이 모두 따라나섰다. 이에 온달도 그동안 기른 말을 타고 따라갔다. 온달이 늘 남보다 앞서 달렸고 다른 사람과는 비교도 안 될 정도로 많은 짐승을 잡았다. 왕이 불러서 성명을 물어보고는, 놀라고 또 기이하게 여겼다.

《三國史記》卷45,〈列傳〉5, 溫達.

온달은 6세기 후반부터 고구려 사람들의 입에 오르내리던 명궁 중의 한 사람이었다. 그는 왕이 참관하는 낙랑 언덕에서 열린 사냥대회에서 좋은 성적을 올리면서 군관의 길을 걷게 되었고 자타가 공인하는 큰 장수가 되었다. '바보'라며 놀림을 받던 온달은 평강공주와 결혼하고 공주의 지혜로운 가르침으로 나라에서 내놓은 말을 사 와 기마사냥 훈련을 시작하면서 나라의 희망으로서의 새 여정에 들어섰다.

고구려 역사는 활쏘기와 말 다루기에 관한 이야기로 시작된다. 부여의 왕자 주몽은 서자라는 이유로 금와왕의 맏아들 대소와 그 동생들의 괄시를 받으며 성장했다. 궁중의 사람들은 주몽이 왕의 서자도 아니라고 했다. 실제 주몽신화는 주인공이 하늘신의 아들이자 해신인 해모수의 아들이라고 전한다. 주몽이 천하의 명궁이었던 것도 해신의 아들이기 때문이라는 것이다.

주몽은 날아가는 작은 새도 화살 하나로 쉽게 맞추어 떨어뜨리는 인물이었다. 이런 주몽에게 주어진 첫 일이 나라의 말들을 돌보는 일이었다. 왕자임에도 목동 일을 하게 된 것이다. 어머니 유화는 오히려 이 일이 주몽에게 좋은 기회가 되도록 도왔다. 아들에게 좋은 말을 골라내는 방법을 알려주었고 아들은 어머니의 가르침대로 했다. 채찍을 휘둘러 놀라 뛰는 말 중 가장 높이 뛰는 말의 혀 밑에 바늘을 찔러 두어 굶어 여위게 만들었다.* 어머니와 아들은 금와왕이 나라의 말들을 잘 돌본 삯으로 이 말을 받기를 기다렸고 바람대로 이 말을 얻었다.

88

주몽이 세 친구와 함께 부여를 떠나 남으로 내려올 때, 태자 대소가 보낸 추격병들을 따돌리며 큰 강 엄체수(淹滯水)를 건넌 뒤 졸본부여에 이르러 새 나라를 세우고 주변의 작은 나라들을 아우르던 모든 순간에 주인과 하나 되어 산야를 누볐던 것이 이 말이다. 주몽이 새 나라를 세우려고 마음먹은 그때부터 실제 이를 이루기까지 부여의 명마가 해신의 아들과 함께한 것이다.

대무신왕 시대에 북방의 패권을 두고 부여와 맞부딪칠 때 고구려 군사들의 사기를 돋우고 실제 전력에도 큰 도움을 주었던 것은 신마(神馬) 거루다. 사라졌던 신마가 데리고 온 수십 마리의 말도 부여와 고구려 사람들이 구하여 기르려고 애쓰던 명마들이었을 것이다.**

말은 고구려 역사에서 빼놓을 수 없는 귀한 짐승이었다. 전장에서는 어떤 무기보다 가치 있고 역할도 컸으며 일상에서는 수레를 끌며 무거운 짐을 부려주는 큰 일꾼이었다. 물론 사냥에서는 신께 제사 드

---

* 왕이 주몽에게 말을 기르게 하여 그 뜻을 시험하였다. 주몽이 마음으로 한을 품고 어머니에게, "나는 천제의 손자인데 남을 위하여 말을 기르니 사는 것이 죽는 것만 못합니다. 남쪽 땅에 가서 나라를 세우려 하나 어머니가 계셔서 마음대로 못합니다." 하였다. 그 어머니가, "이것은 내가 밤낮으로 고심하던 일이다. 내가 들으니 장사(將士)가 먼 길을 가려면 반드시 준마가 있어야 한다. 내가 말을 고를 수 있다." 하고, 드디어 목마장으로 가서 긴 채찍으로 어지럽게 때리니 여러 말이 모두 놀라 달아나는데 한 마리 붉은 말이 두 길이나 되는 난간을 뛰어넘었다. 주몽은 이 말이 준마임을 알고 가만히 바늘을 혀 밑에 꽂아 놓았다. 그 말은 혀가 아파서 물과 풀을 먹지 못하여 심히 야위었다. 왕이 목마장을 순시하며 여러 말이 모두 살찐 것을 보고 크게 기뻐하며 그중 야윈 말을 주몽에게 주었다. 주몽이 이 말을 얻고 나서 그 바늘을 뽑고 도로 먹였다 한다. 《東國李相國集》卷3, 〈古律詩〉, 東明王篇.
** 3년 가을 9월에 왕이 골구천(骨句川)에서 사냥하다가 신마(神馬)를 얻어 이름을 거루(駏驢)라 하였다. 5년 3월에 신마 거루가 부여말 1백 필을 거느리고 학반령 아래 차회곡(車廻谷)으로 왔다. 《三國史記》卷14, 〈高句麗本紀〉2, 大武神王 3年 및 5年.

릴 희생과 몇십 명의 먹거리를 확보하게 하는 없어서는 안 될 조력자였다.

고구려 사람들이 타고 부리던 말은 몽골말이다. 머리가 크고 갈기가 길며 다리는 짧고 튼튼하다. 몸에 비해 무거운 짐을 지고 오랜 시간 먼 거리까지 갈 수 있다. 기후(氣候)의 극단적인 변화도 잘 견디며 추위에 특히 강하다. 몽골말은 아라비아말에 비해 달리는 속도는 떨어지지만, 지구력이 좋고 잘 지치지 않는다. 연교차와 일교차가 심한 내륙아시아 초원지대 삶의 동반자가 되기에 적합하다. 고구려의 특산물 중에 하나로 알려졌던 과하마(果下馬)도 몽골말의 한 종류라고 할 수 있다.* 제주도의 조랑말 역시 몽골말의 후손이다.

부여와 고구려 사람들은 키는 작아도 강인한 몽골말을 타고 만주와 몽골초원, 중국 북방의 평원지대를 오갔다. 고구려 초기 중국 동북의 군현은 말을 타고 밤새도록 이동해 온 고구려 기마병의 기습에 시달렸다.** 관리들은 "고구려 사람들은 사납고 빠르다."고 상부에 보고하면서 어떻게 해주기를 바랐던 듯하다. 그러나 상부의 관리들도 "서로 사이좋게 잘 지내도록 애쓰라."는 답을 보내는 것 외에 달리 뾰족한 수는 없었을 것이다.

---

* 키가 3척쯤 되는 말이 나는데, 옛날 주몽(朱蒙)이 탔던 말 종자라고 한다. 바로 과하마(果下馬)가 그것이다. 《北史》卷94, 〈列傳〉第82, 高麗.
** 봄에 장수를 보내 한(漢)의 북평(北平), 어양(漁陽), 상곡(上谷), 태원(太原)을 습격하였으나 요동태수 채동(蔡彤)이 은혜와 신의로 대우하였으므로 다시 화해하고 친하게 지냈다. 《三國史記》卷14, 〈高句麗本紀〉2, 慕本王 2年.

25-1 말갖춤을 한 말 모형(국립경주박물관)

25-2 철제 재갈(국립중앙박물관)

25-3 금동 등자(천마총, 국립경주박물관)

25-4 말다래(천마총)

25-5 기 꽂이(천마총)

그림 25 말갖춤

말갖춤: 재갈, 등자, 안장, 말다래, 기 꽂이

'입에 재갈을 물린다.'고 한다. '말을 못 하게 한다.'는 뜻이다. 말을 제어하는 가장 효과적인 방법은 재갈을 물리는 것이다. 재갈은 쇠막대를 얽은 뒤 좌우 끝을 작은 막대 모양의 멈치로 마무리하고 다시 둥근 고리나 판 형태의 굴레옆쇠를 이은 뒤 여기에 굴레 가죽 띠를 잇기 위한 쇠막대를 좌우로 이어 만든다. 걷거나 달리는 동안 말이 입을 다물어 혀를 문다든가 하지 못하게 가운데 쇠막대 두 개를 말의 입속에 넣는다. 말을 탄 사람은 쇠막대 좌우 멈치에 덧이은 굴레옆쇠에 고삐를 걸어 좌우로 번갈아 잡아당기거나 동시에 잡아당겨 오른쪽이나 왼쪽으로 말의 고개를 돌려 방향을 틀거나 서게 한다. 말에서 내려 말이 쉬게 할 때는 입에서 재갈을 풀어 말이 풀을 뜯거나 건초를 씹을 수 있게 한다.

등자는 안장에 걸어 말의 좌우 옆구리로 내린 발걸이를 가리킨다.

사람이 말 등에 오르거나 말 위에서 균형을 잡을 때 효율적으로 사용할 수 있는 도구이다. 특히 말을 달리게 할 때 말 탄 이가 균형을 유지하는 데에 결정적인 도움을 준다. 말 등에 탄 채 창과 칼을 쓰거나 화살을 쏠 때 등자는 더없이 중요하다. 등자에 발을 건 채 균형을 잘 유지하면 말이 달리는 상태에서 고삐를 놓고 손으로 무기를 다룰 수 있다. 실제 기병들 사이의 마상 전투는 등자 없이는 이루어지기 어렵다. 말타기에 능수능란하여 등자 없이 달리거나 여러 가지 묘기를 부릴 수는 있어도 균형점 이동이 계속되는 기병 전투에서는 등자가 반드시 있어야 한다. 처음 가죽끈으로 만들어졌던 등자는 나무나 쇠로 재료를 바꾸어 만들어졌다. 삼국시대 유적에서는 고리처럼 둥글거나 위는 둥글고 아래는 'ㅡ' 자 형태의 등자가 비교적 자주 발견된다.

안장은 말 등에 걸쳐놓아 말 탄 이의 무게를 분산시켜 말의 부담을 덜어주는 도구다. 말등을 보호하는 기능을 하는 안장은 기수의 자세를 안정시키고 장시간 기마 상태에서도 피로를 덜 느끼게 만든다. 말다래나 등자도 안장에 걸어 아래로 내린다. 가죽으로 만들지만 여러 장식이 더해지는 안장은 비교적 무거운 도구여서 말을 타지 않은 상태에서는 말에서 내린다.

기마술이 발전하고 기병전이 전투의 승패에 큰 영향을 끼치게 되자 안장에는 말 탄 이의 신분을 나타내는 장식을 더하는 관습이 생겼다. 많은 경우 말을 전장에 동원할 수 있는 사람은 재력이 뒷받침되는 귀족이었으므로 안장의 앞과 뒤에는 가문의 위세를 나타내는 화려한 금속 장식을 추가하였다.

말다래는 안장에 걸어 좌우로 늘어뜨리는 덮개나 판 같은 것으로 말을 탄 사람의 옷에 흙이 튀지 않게 한다. 장니(障泥)라고도 한다. 보통 가죽으로 만들지만, 경주 천마총 출토 말다래에서 확인할 수 있듯이 자작나무 껍질이나 대나무를 사용하여 만들기도 하고, 칠(漆)을 더하기도 한다. 말다래 역시 여러 가지 장식을 더해 말을 탄 자의 신분이나 권위를 나타냈다. 경주 천마총 출토 말다래 가운데 대나무로 만든 것의 경우, 얇은 대나무살을 엮어 바탕 판을 만들고 그 위에 마직 천을 덧댄 뒤 금동판을 더해 금동못으로 고정시켜 완성한다. 말다래 금동판에 투조(透彫) 기법으로 장식된 천마(天馬)나 기린(麒麟)이 천마총 주인공의 지위, 신분과 관련되었을 가능성도 있다.

귀족이 전장에 타고 나가는 말의 엉덩이 위에는 기(旗) 꽂이를 부착하는 것이 상례였다. 주인공이 어느 정도 지위와 신분의 인물인지를 알게 하는 깃발을 꽂기 위한 장치이다. 물론 기 꽂이에 꽂히는 깃발에는 주인공이 속한 가문이나 조직을 알게 하는 문장이 그려졌다. 실제 고구려 고분벽화에는 기 꽂이에 깃발을 꽂고 출전한 기마전사의 모습이 등장한다.

기 꽂이의 형태는 다양하다. 경주 천마총에서 출토된 신라의 기 꽂이는 '1'자 형태로 솟은 것이고, 연천 무등리 보루에서 출토된 고구려 기사의 기 꽂이는 물결치듯이 여러 차례 구부러지며 뒤로 뻗어 올라간 것이다.

이 외에 말에 더해지는 갖춤으로는 재갈에 이어져 말 머리에 씌우는 굴레, 말방울, 말띠 드리개, 말띠 꾸미개 등이 있다. 말띠 드리개나 말띠 꾸미개도 말 탄 이의 신분과 지위에 걸맞게 용이나 봉황, 기린 등을 투조로 장식한 다양한 형태의 금동판으로 만들어진 경우가 적지 않다. 삼국시대의 말갖춤은 기마문화와 함께 형식과 내용 모두 일본에 그대로 전해진다. 일본에서 발견된 말갖춤 가운데에는 삼국시대 한반도 출토품과 같은 것도 있다.

26-1 덕흥리벽화분, 북한 남포

26-2 무용총, 중국 지안

그림 26 사냥

화가가 그린 〈사냥도〉:
보고 그리고, 상상해서도 그린다

화가는 누구나 그림 한 장면 한 장면을 고민한다. 비록 내려오는 본이 있어 베껴 그리는 그림이 될지라도 화가마다 손과 눈이 다르고, 경험과 타고난 솜씨에 차이가 있다. 선의 굵기며 선에 흐르는 힘이 다를 수밖에 없다. 게다가 화가면 제한된 조건 안에서라도 제 색깔의 그림을 그리고 싶어 한다. 고분벽화의 〈사냥도〉에도 화가의 그런 소망, 의지, 고민, 결정이 배어 있다. 틀이 이미 잡혀 있어도 화가가 그리고 싶었던 것이 제재의 하나로, 혹은 선이 흘러 면을 이루며 이런 저런 색을 옅고 진하게 칠하는 방식으로 화면 속에 들어가 있게 마련이다.

무용총 〈사냥도〉를 그린 화가는 굵고 힘 있는 선을 즐겨 썼다. 뻣 뻣하고 강하게 뻗어 나간 선 끝에서는 날카로움마저 느껴진다. 그런 까닭인지 말은 힘 있고 강하게 내달리고 말 위의 활 쏘는 이들은 절도 있는 동작, 흔들림 없는 자세로 사냥 대상을 향해 활을 겨눈다. 그림으로만 보면 사냥꾼이 쏘는 화살은 정확하고 빠르게 날아가 사슴이며 호랑이를 맞출 게 확실하다.

사냥터의 산이며 벌판은 또 어떤가? 물결치듯 흐르는 굵은 띠가 여러 개 겹쳐진 형태의 산들이 말 타고 달리는 사냥꾼들의 곁이며 아래위에 묘사되었다. 기마사냥꾼이며 달아나는 짐승들보다 작게 그려진 산들이지만 기슭에는 듬성듬성 나무줄기가 몇 솟아 있고 푸른 잎이 덩어리진 가지가 줄기의 좌우로 뻗어 나간다. 산과 나무 사이의 비례는 전혀 현실감이 없다. 그래도 산은 산처럼 보인다. 사냥터의 배경으로도 손색없게 느껴진다. 왜일까?

덕흥리벽화분의 〈사냥도〉에도 산이 보이고 기마사냥꾼이 보인다. 화면에는 둥글게 봉우리가 올라간 산들이 셋씩 한 세트를 이룬 채 여기저기 놓여 있고 그 사이로 사냥꾼들이 말을 달리며 사슴이며 호랑이에게 활을 겨눈다. 종이 그림을 오려 붙인 듯한 산들과 둥근 선들이 두드러진 기마사냥꾼의 모습에서 사냥터 특유의 박진감을 느끼기는 쉽지 않다. 배경인 산들은 멀리 있고 기마사냥꾼은 가까이 있는 듯 느껴지는 비례감도 사냥터에서 들려야 할 절박한 뜀박질 소리와 가쁜 숨소리를 화면을 보는 이의 귀에 들리게 하지 못한다. 생동감이 약한 까닭일까? 이 〈사냥도〉에 등장하는 사람과 짐승들은 그림 그대로 화면에 붙박여 있는 듯한 느낌을 준다.

무용총 〈사냥도〉의 산은 강하고 빠르게 흐르면서 사냥터 특유의 속도감을 높인다. 말 타고 달리며 활을 당기는 기마사냥꾼이 주마간

산(走馬看山)하는 순간을 잘 나타낸다. 실제 빠르게 달리는 말 위에 있는 사냥꾼의 눈에는 넓은 벌판 바깥을 둘러싼 산이 흘러가는 것처럼 보일 수밖에 없다. 사냥꾼과 짐승 사이의 쫓고 쫓기는 현재가 눈앞에 가장 두드러질 뿐 배경의 산은 아득하기 마련이다. 기마사냥꾼들이 크게, 물결처럼 흐르는 산이 작게 그려져도 모순처럼 보이지 않는 것도 이 때문이다.

그림으로만 볼 때, 무용총 〈사냥도〉 화가의 가슴에는 사냥터의 순간순간이 현실처럼 생생하다. 반면 덕흥리벽화분 〈사냥도〉의 화가에게 사냥터는 밑그림에 묘사된 장면일 뿐이다. 그의 눈과 귀에는 사냥터에서 펼쳐지는 사냥꾼과 짐승들의 숨 가쁜 숨바꼭질이 보이지도 들리지도 않는다. 한 사람은 사냥터 경험이 생생하지만, 다른 한 사람에게 사냥터는 할아버지 이야기 속의 그림자놀이에 가깝다. 덕흥리벽화분 〈사냥도〉의 화가는 밑그림의 사냥장면을 가감 없이 무덤칸 천장고임에 옮겨 놓았다. 반면 무용총 〈사냥도〉의 화가는 기마사냥꾼이 쏜 화살이 낮고 날카롭게 긴 경고음을 내며 날아가는 모습을 두 눈으로 실제 보고 있었던 듯하다.

27-1 무용총, 중국 지안

27-2 / 27-3 가욕관위진3호묘, 중국 가욕관

27-4 막고굴 249굴, 중국 돈황

그림 27 사냥

한국과 중국의 〈사냥도〉
(고구려 무용총 벽화와 서위 막고굴 249굴 벽화)

무용총의 〈사냥도〉는 고구려 회화의 걸작 가운데 하나이다. 무용총 벽화의 등장인물들은 하나같이 얼굴선이 깔끔하고 이목구비가 또렷한 고구려인 특유의 얼굴을 지녔으며, 왼쪽 여밈과 가장자리 선(襈)을 특징으로 하는 고구려인 고유의 옷차림을 하였다. 자연스러우면서도 강하게 뻗어 나가는 필선, 제한된 표현 대상 중심으로 화면을 짜임새 있게 구성하는 방식은 중국 회화의 영향을 느끼게 하는 평양, 남포, 안악지역 고분벽화에서는 쉽게 찾아지지 않는다. 5세기 내내 고구려의 집안과 평양지역 고분벽화에 여러 차례 모습을 드러내는 〈사냥도〉에서 무용총 벽화에서와 같은 짜임새와 기법, 분위기는 다시 발견하기 어렵다. 무용총 〈사냥도〉가 지니는 미술사적 위치를 재확인할 수 있는 부분이다.

무용총에 〈사냥도〉가 그려질 무렵, 중국에서는 고분벽화의 제작

이 뜸한 상태였다. 일본에서는 고분 내부를 기하학적 무늬로 장식하는 장식고분이 유행하고 있었다. 무용총 벽화와 대비될 수 있는 사례를 같은 시기 중국이나 일본에서는 찾기 어렵다.

장식고분 시대에 이어 일본에서는 고분 시대가 시작된다. 7세기경에는 대륙계 고분벽화가 출현한다. 그러나 '사냥'을 제재로 삼은 벽화는 일본에서 그려지지 않는다. 중국에서는 지속적으로 고분벽화 제작이 이루어지지만, 사냥이 주요한 제재로 등장하지는 않는다.

5세기 전후 중국 회화에 등장하는 〈사냥도〉로 무용총 〈사냥도〉와 비교할 수 있는 것은 서진(西晉) 시기의 작품인 감숙 가욕관위진3호묘 화상전 그림을 먼저 떠올릴 수 있다. 4세기 초에 그려진 이 벽돌무덤 화상전에는 말을 타고 달려가면서 사냥물을 향해 활을 겨누거나, 짐승의 등에 창을 꽂으려는 순간 등이 각각 독립장면으로 묘사되었다. 배경은 한두 그루의 나무로 대신하였고, 화면에 몰이꾼이나 여러 마리의 짐승들은 등장하지 않는다. 작은 벽돌의 한 면을 화면으로 삼은 상태에서 표현 대상을 늘리는 것은 현실적으로 무리였을 것이다. 질주하는 말의 자세나 창을 꼬나쥔 기마사냥꾼의 모습은 사실적으로 잘 표현되었다. 그러나 화면에서 무용총 〈사냥도〉와 비교할 수 있을 정도의 탄탄한 필력은 느끼기 어렵다.

비교적 넓은 공간이 사냥터로 활용되는 장면은 중국의 6세기 석굴사원 벽화에서 찾아볼 수 있다. 6세기 전반의 늦은 시기, 서위(西魏) 시대에 개착된 돈황 막고굴 249굴 천장부 북편 하단에는 〈사냥도〉가 그려졌다. 이 석굴의 〈사냥도〉에는 거칠게 좌우로 뻗어 나간 산줄기

사이의 트인 공간과 골짜기를 배경으로 호랑이와 사슴사냥에 열중하는 장면이 담겼다.

화면에는 놀라 달아나는 노루와 포효하며 달려드는 호랑이를 향해 두 기마사냥꾼이 긴 활을 당겨 화살을 날리려는 순간이 잘 포착되어 있다. 그러나 249굴 벽화에서 무용총 〈사냥도〉에서와 같은 긴박감을 느끼기는 어렵다. 정확한 자세 묘사에도 불구하고 가늘고 부드럽게 흐르는 벽화의 필선으로 말미암아 강한 운동감에서 자연스럽게 번져 나오는 긴장감이 느껴지지 않기 때문이다.

긴장감이나 운동감이 상대적으로 부족하지만, 중국 돈황 막고굴 249굴의 〈사냥도〉는 여러 면에서 무용총 〈사냥도〉와 닮았다. 두 장면 모두 표현 대상을 정제하여 화면에 효과적으로 배치하였으며, 근육질의 말을 등장시켰다. 달리는 말과 짐승들의 꼬리가 힘 있게 뒤로 뻗어 나가게 하여 화면을 보는 이로 하여금 강한 운동감을 느끼게 했다.

화면 구성과 제재의 배치, 화면이 자아내는 분위기에서 두 벽화는 공유하는 부분이 적지 않다. 그러나 사냥꾼의 복식과 도구, 표현 대상에 입힌 색에서는 지역과 문화적 차이를 보여준다. 1세기에 이르는 시간적 거리, 고구려의 두 번째 수도 국내성과 남북조시대 중국 불교의 성지 돈황이라는 지역 차, 고분벽화와 석굴사원 회화라는 장르와 용도상의 차이에도 불구하고 두 그림이 출현하는 문화적 배경, 회화적 유파와 영향 관계에서 두 벽화는 흥미를 자아내는 사례이다.

3부

사
람

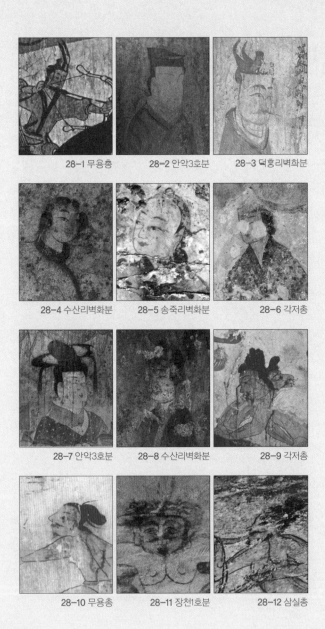

28-1 무용총　　28-2 안악3호분　　28-3 덕흥리벽화분

28-4 수산리벽화분　　28-5 송죽리벽화분　　28-6 각저총

28-7 안악3호분　　28-8 수산리벽화분　　28-9 각저총

28-10 무용총　　28-11 장천1호분　　28-12 삼실총

그림 28 얼굴

얼굴

무용총 〈사냥도〉의 기마사냥꾼들은 대체로 얼굴이 편평하며 길고 갸름하다. 광대뼈가 살짝 도드라진 사람도 있다. 눈은 가늘고 길며 코는 그리 높지 않다. 입술은 좁고 살짝 도톰한 수준이다. 구레나룻은 빈약하거나 보이지 않는다. 무용총 벽화의 다른 장면에 등장하는 인물들의 얼굴도 대체로 기마사냥꾼들과 크게 다르지 않다. 무용총과 이웃한 각저총 벽화의 등장인물들도 이목구비는 무용총 벽화의 인물들과 사실상 같다. 무용총 〈사냥도〉 기마사냥꾼의 얼굴이 5세기 전반 고구려 국내성 지역 남녀 사이에 쉽게 찾아질 수 있었음을 미루어 짐작할 수 있다.

그러나 고구려 어디에나 무용총 벽화 인물들과 같은 얼굴의 사람들이 있었을지라도 이를 근거로 고구려 사람들의 얼굴이 다 같았다고 말하기는 어렵다. 실제 357년 안악3호분 벽화에 그려진 사람들,

408년 덕흥리벽화분에 등장하는 사람들은 무용총 벽화의 기마사냥꾼들과 얼굴이 다르다. 각 벽화를 그린 화가가 사람들의 얼굴을 더 둥글거나 길게, 편평하거나 약간 요철이 있게 그린 때문이기도 하지만, 그런 형태의 얼굴이 그려지는 과정에 지역적 차이나 민족적 상이점이 작용하고 노출된 면도 있는 까닭이다. 장천1호분과 삼실총 벽화에서는 이런 측면이 노골적으로 드러난다.

안악3호분은 1949년 발견 이래 '무덤 주인공이 누구인가?' 논쟁으로 잘 알려진 유적이다. 357년, 옛 대방군의 땅에 대형 벽화고분이 조성된 까닭을 둘러싸고도 의문이 증폭되었지만, 여전히 속 시원하게 결론이 나지 못한 상태이다. 확실한 것은 안악3호분 벽화가 4세기 동아시아에서 가장 높은 수준의 회화 작품이라는 사실이다.

작품으로 확인되는 수준 높은 필법과 구도는 안악3호분 벽화 작업에 참여한 화가들이 이미 이런 그림을 능숙하게 그릴 수 있는 전문직업인들이었음을 알게 한다. 안악3호분이 고구려 초기 벽화고분을 대표하는 유적임을 고려할 때, 고구려의 서울 국내성에서 먼 거리에 있는 국경지대, 그것도 신개척지에 새로 조성된 무덤 안에서 벽화를 그린 화가들을 국내성에서 온 사람들이라고 볼 수 있을까? 혹 그럴 가능성이 있다 하더라도 과연 그 당시 국내성에 안악3호분 벽화 수준의 그림을 그릴 수 있는 사람들이 얼마나 있었을까?

해답의 실마리는 안악3호분 벽화 등장인물들의 얼굴과 옷차림에서 찾을 수 있을 듯하다. 비교적 둥근 얼굴의 등장인물들 가운데 다수의 남자는 구레나룻이 있고 여자들은 고리 튼 머리 차림이다. 고구려 고유의 모자로 알려진 절풍을 머리에 쓴 남자는 보이지 않으며 벽화에 보이는 여자들은 고구려 사람들이 즐겨 입던 점무늬 두루마기나 저고리, 색동 및 주름치마 대신 무늬 없는 풍성한 소매의 저고리나 치마 차림이다. 무덤주인의 부인과 시녀들은 살진 얼굴에 턱이며 볼 선이 풍성하다. 아마 이런 옷차림과 얼굴의 남녀들이 4세기 중엽 옛 낙랑군과 대방군 지역의 잘사는 사람들 사이에서는 찾아보기 어렵지 않았을 것이다. 안악3호분 벽화를 그린 화가도 평양을 중심으로 한 대동강 유역, 재령강 유역의 안악에 살며 여러 종류의 장식 그림으로 생계를 꾸려가던 직업 화가였으리라.

안악3호분 벽화가 그려지고 100년 정도가 흐른 5세기 중엽 고구려는 전성기를 누리고 있었다. 서울은 평양으로 옮겨졌지만, 옛 서울 국내성은 실크로드의 중계도시로 여전히 번성하고 있었다. 국내성 안팎에서는 초원의 스텝 로드며 중국의 오아시스 길을 지나온 중앙아시아 출신 승려나 상인이 자주 눈에 띄었을 것이다.

국내성 일대에 축조된 장천1호분이며 삼실총 벽화에 눈이 둥근 등잔만 하고 코가 뾰족하고 높으며 구레나룻이 작은 덤불 같은 중앙아시아계 역사와 말몰이꾼, 재주꾼들이 그려진 것도 이런 사회 분위기에서 비롯되었다고 할 수 있다. 각저총 벽화의 각저희(角抵戱), 무용총 벽화의 수박희(手搏戱) 장면에 토종 고구려인의 상대역으로 한 번씩 등장하던 중앙아시아계 사람들이 장천1호분이며 삼실총에는 여기저기서 얼굴을 내밀고 있다. 5세기에는 옛 낙랑 땅에 남은 토착화한 중국계 한인(漢人)들, 고구려라는 나라를 세운 토박이 예맥인(濊貊

人)들, 이들에게 힘을 보탠 삼한(三韓) 사람들과 말갈인, 선비인, 거란인 외에 중앙아시아 출신의 눈 크고 코 높은 사람들도 제국이 된 고구려의 새 주민이 되고 있었음이 벽화를 통해 확인된다고 하겠다.

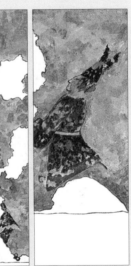

29-1/29-2
새깃 장식 절풍 쓴 기마인물
(무용총, 중국 지안)

29-3
장식 없는 절풍 쓴 인물
(무용총)

29-4
새깃 모양 관모 장식
(국립중앙박물관)

29-5
금깃 장식 절풍 쓴 인물
(개마총 벽화 모사도,
북한 평양)

29-6
두 깃 장식 절풍 쓴 인물
(개마총 벽화 모사도)

그림 29 **절풍**

새깃 꽂은 고구려 모자 절풍

고구려 사람들이 즐겨 썼던 고유의 모자는 절풍이다. 물론 고깔 모양의 이 모자를 누구나 쓰지는 못했다. 중국의 삼국시대에 해당하는 3세기까지는 '가(加)'로 불리는 지배계층 가운데 낮은 등급의 사람들인 소가(小加)가 주로 썼다. 평민에게는 허용되지 않았다.

그러나 고구려가 동아시아의 강국 가운데 하나가 되어 중국의 남조 및 북조 국가들과 대등하게 외교 관계를 유지하던 5세기에는 지배계층 누구나 쓰는 모자였다. 지배계층 안에서도 신분의 높낮이를 알 수 있게 절풍에 꽂는 장식물이 여러 가지로 나뉘었다. 절풍을 장식하는 금깃, 은깃, 새깃으로 지위와 신분을 알 수 있게 한 것이다.

높은 등급의 귀족인 대가(大加)가 쓰는 절풍은 이름도 달랐다. '골소', '소골'로 불리던 이 모자는 자주색 비단으로 만들었으며 금과 은으로 만든 깃으로 장식했다. 버슬자리에 올라 나랏일을 하는 사람들은 새깃을 꽂아 알 수 있게 했다. 절풍에 새깃을 꽂더라도 몇 개나 꽂았는지, 금이나 은으로 만든 것인지로 그 사람의 신분과 지위를 알 수 있었다.

언제부터인가 절풍은 고구려 사람들이 자신의 정체성을 나타내는 수단으로 인식되었다.* 무용총의 무덤주인과 두 승려가 대화하는 장면에는 이들 사이에서 음식 시중을 드는 일을 맡은 인물이 등장한다. 오른손에 짧은 칼을 든 이 사람은 머리에 새깃 장식이 없는 민 절풍을 썼다. 본래 이 깃 장식 없는 절풍은 앞 시기에 '소가'로 불리던 사람들이 쓰던 것이다. 화면에 보이는 인물은 주인과 손님들에 비해 작게 그려졌다. 세 사람보다 신분이 낮은 사람인 것이다. 5세기에는 낮은 신분의 사람도 장식 없는 절풍을 쓸 수 있을 정도로 절풍 사용이 일반화되었다는 뜻일까?

---

* 중국 남조의 남제에 파견되었던 고구려 사신도 머리에 절풍을 썼다. 남제의 관리는 이 모자가 자신들이 사용하는 관모와 형태가 다르다는 이유로 희롱하는 말을 건네지만, 고구려 사절은 고유의 전통에서 비롯되었다는 대답으로 응수한다(사신이 國都에 있을 때 中書郎 王融이 희롱하여 말하기를, "입은 것이 적합하지 않으면 그것이 몸의 재앙이라 했는데, [그대] 머리 위에 얹혀 있는 것은 무엇이오?" 하니, 사신이 "이게 바로 옛 고깔[弁]의 잔영이라오."라고 답했다.《南齊書》卷58, 〈列傳〉39, 東夷傳 高麗國).

30-1
승려의 설법을 듣는 주인(무용총, 중국 지안)

30-2
새깃 장식 절풍 쓴 고구려 사절
(우즈베키스탄 사마르칸트
아프라시압 궁전지 벽화 모사
복원도, 국립중앙박물관 소장)

30-3
새깃 장식 절풍 쓴
고구려 사절
(양원제직공도,
중국 국가박물관)

30-4
새깃 장식 절풍 쓴 고구려 사절
(당 장회태자 이현묘 벽화 모사도,
중국 섬서역사박물관 소장)

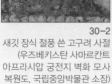

그림 30 절풍

31-1 수탉 형상으로 그린 암수 주작(무용총, 중국 지안)

31-2 새 모양 장식(국립중앙박물관)

31-3/31-4 주작(삼실총, 중국 지안)

그림 31 새 신앙

수탉으로 불린 사람들, 고구려 사람의 새 숭배와 새깃 장식 모자

고구려 사람들은 유난히 새깃 장식 모자를 좋아했다. 신라의 서울 서라벌이나 당의 수도 장안의 저잣거리에서 머리에 수탉이나 장끼의 화려한 꽁지깃으로 장식한 고깔 모양의 모자를 쓴 사람을 보았다면 그는 틀림없이 고구려 사람이다. 오죽하면 새에 대한 신앙이 강하던 신라 사람조차 그들에 대해 수군거릴 때 '수탉!'이라 불렀겠는가?

《일본서기》에는 서라벌의 신라 사람들이 '수탉을 잡아라'라는 말을 신호로 삼아 한밤중에 서라벌에 머물던 고구려 군사고문단을 몰살시켰다는 기록이 남아 있다.* 이 사건은 왜와 가야 연합군의 포위 공격으로 풍전등화의 위기에 몰렸던 신라의 서라벌이 고구려군의 도움으로 되살아난 사건 수십 년 뒤 일어났다. 고구려 광개토왕이 보낸 5만 고구려 대군의 신라 구원 사건. 400년에 시작된 강대국 고구려의 간섭에서 벗어나고 싶었던 신라 사람들이 어느 날 들고 일어나 서라벌의 고구려 '수탉'들을 모조리 잡아버린 것이다.

고구려 사람들의 새깃 장식 모자는 중국 사람들에게도 매우 인상적이었다. 고구려가 멸망한 뒤 100여 년이 지난 뒤에도 중국에서는 회화나 공예장식에서 고구려인은 반드시 새깃 꽂은 모자 쓴 사람으로 묘사했다. 중앙아시아 사마르칸트를 중심으로 나라를 세웠던 소그드인들도 그들의 왕이 고구려 사절의 방문을 받았음을 안팎에 알게 하려 했다. 그들은 아프라시압 궁전벽화에 새깃 장식 모자를 쓴 두 사람의 동방 사절을 그려 남겼다.

고구려 사람들은 새를 좋아했고 특히 수탉을 좋아했다. 이 사실은 고분벽화에서도 확인된다. 무용총 천장고임에는 두 마리의 수탉이 묘사되었다. 암수 한 쌍이 마주 보는 것으로 해석될 수도 있지만 그려진 것은 두 마리 모두 수탉이다. 흥미로운 것은 수탉 두 마리가 그려진 곳이 암수 주작이 묘사되었어야 할 자리라는 사실이다. 주작 대신 수탉이 표현된 셈이다. 우주적 방위신인 사신(四神) 가운데 남쪽의 방위를 맡은 것으로 알려진 주작은 봉황에서 유래한 신성한 존

＊ 고려왕이 날랜 병사 100명을 보내어 신라를 지켜주었다. 얼마 되지 않아 고려 군사 한 사람이 말미를 얻어 자기 나라에 돌아갈 때 신라 사람을 말몰이(典馬는 우리말로 于麻柯比(うまかひ)라고 한다)로 삼았는데, 돌아보면서 "너희 나라는 우리나라에 망할 날이 멀지 않았다." 하였다(어떤 책에는 "너희 나라가 우리의 땅이 될 날이 멀지 않았다." 하였다고 한다). 말몰이가 그 말을 듣고 거짓으로 배가 아프다고 하여 뒤에 처졌다가 마침내 도망하여 자기 나라에 돌아와 그가 말한 것을 전하였다. 이에 신라왕이 고려가 거짓으로 지켜주는 것을 알고 급히 사자를 보내 나라 사람들에게 "백성들아, 집에서 기르는 수탉을 잡으라." 하였다. 사람들이 그 뜻을 알고 나라 안에 있는 고려 사람들을 모두 죽였다. 그러나 살아남은 고려 사람 한 명이 틈을 타서 빠져나가 도망하여 자기 나라에 들어가 모든 것을 이야기하였다. 《日本書紀》卷14, 〈大泊瀨幼武天皇 雄略天皇〉, 8年 春 2月.

재이다. 상서로운 새의 하나로 태평성세에만 출현한다는 봉황은 공작처럼 생겼다는 설과 닭의 모습이라는 설이 전한다. 그러니 주작은 공작처럼 그려도 되고 수탉처럼 묘사해도 되는 것이다.

무용총 벽화의 청룡, 백호는 고구려 사람들이 사신을 죽은 이의 내세를 지키는 우주적 수호신으로 받아들였음을 알게 한다. 초기 작품인 까닭에 무용총의 신수들은 후대의 것보다 서툰 필치로 어색하게 그려졌다. 그렇다면 주작 역시 세련된 필치로 묘사되기는 어려웠을 것이다.

그러나 예상과 달리 무용총의 주작은 세련되게 사실적으로 그려졌다. 수탉을 모델로 삼아 수탉처럼 묘사했기 때문이다. 화가가 봉황의 공작설과 수탉설 가운데 수탉설을 택했다고 할 수 있다. 관념상 봉황과 주작이 구별되지 않았다면 주작 역시 수탉처럼 그려질 수밖에 없는 것이다. 사실 무용총에서 이 그림을 보고 주작을 떠올릴 사람은 많지 않다. 실제 수탉으로 그려졌으니까. 고구려 사람들의 수탉 신앙, 수탉 사랑이 낳은 특이한 작품이니까.

32-1 솟대의 새와 새깃 장식 머리의 남자(농경문 청동기, 국립중앙박물관)

32-2 오리 모양 토기(국립경주박물관)

32-3 12지의 유상(국립경주박물관)

그림 32 새 신앙

33-1 금관 장식의 새(경주 서봉총, 국립경주박물관)

33-2 새깃 모양 관모 장식(국립중앙박물관)

그림 33 새 신앙

삼국시대의 새 숭배와 새 유물

새는 구석기시대 작품인 동굴벽화에도 그려졌다. 신석기시대의 가장 중요한 숭배 대상 가운데 하나도 새였다. 신, 특히 여신은 새의 모습이거나 새의 특징 가운데 일부를 지닌 존재였다. 새 머리 여신, 새 날개의 여신은 유럽에서 아메리카에 이르는 세계 모든 지역의 신석기 유적에서 발견된다. 한때 살아 있는 인류의 화석처럼 인식되었던 오스트레일리아 원주민에게도 새에 대한 숭배의 흔적이 확인된다.

한국의 청동기시대 유물에서도 새 숭배의 흔적을 찾을 수 있다. 대전 괴정동 출토 농경문 청동기에는 머리에 새깃을 꽂은 사람과 솟대로 해석되는 긴 나무 기둥 위에 앉은 새가 표현되었다. 새에 대한 신앙의 표출로 여겨지는 솟대의 새는 겨울을 나기 위해 남으로 오는 기러기와 같은 철새를 모델로 삼은 것으로 이해되고 있다. 한 해 한 번 남으로 왔다가 북으로 올라가는 시베리아의 철새들은 사람과 신 사

121

이를 잇는 전령의 역할을 하는 것으로 인식되었다.

　삼한 및 삼국시대 영호남 일원 유적에서 발견되는 새 모양 토기 역시 새에 대한 오랜 신앙의 표현이다. 삼한의 변진(弁辰) 사람들이 죽은 이를 장사할 때 관 위에 새깃을 올려놓았던 것도 새가 땅과 하늘 사이, 사람의 세상과 신의 세상 사이를 잇는 신령스러운 존재라는 관념에서 비롯된 행동이다. 새가 죽은 이의 영혼과 함께 저세상, 곧 조상신들이 사는 세계로 간다고 믿은 것이다. 새가 저승길 길잡이 역할을 하는 것이다.

　새와 관련된 민속신앙은 다양한 방식으로 전승되었다. 신이기도 했던 새의 원형적 이미지는 역사시대를 전후하여 변화를 겪는다. 신의 사자나 영혼의 길잡이, 신령스러운 생명체로 재인식되어 신화나 전설에 등장한다. 새가 신이면서 신의 사자로도 묘사되는 것은 신이 사람과 만날 때 신의 대리자로 모습을 바꾸기도 하는 까닭이다.

　해를 자처하는 외간 남자 해모수와 함부로 어울렸다는 이유로 우발수로 귀양 갔던 하백(河伯)의 딸 유화는 동부여 금와왕의 어부가 내린 쇠그물에 걸려 올라왔을 때 입이 길게 잡아 늘여져 말을 하지 못했다. 세 번이나 자른 뒤에야 자초지종을 말할 수 있었다고 한다.*
유화는 강의 신 하백의 딸이면서도 입이 새의 부리 모양이었다는 뜻

---

* 어사(漁師) 강력부추(强力扶鄒)가 고하기를, "근자에 어량(魚梁) 속 고기를 도둑질해 가는 것이 있으나 무슨 짐승인지 알 수 없습니다." 하였다. 왕이 어사를 시켜 그물로 끌어내니 그물이 찢어졌다. 다시 쇠그물을 만들어 당겨 돌에 앉아 있는 여자를 얻었다. 그 여자는 입술이 길어 말을 못하므로 그 입술을 세 번 잘라내게 한 뒤에야 말을 하였다.《東國李相國集》卷3,〈古律詩〉, 東明王篇.

이다. 유화가 본래는 새의 신임을 넌지시 알게 하는 설명이다.

신라의 건국자 박혁거세 왕의 왕비 알영은 알영정 옆에서 계룡(鷄
龍)이 낳았다.* 아기의 입이 새의 부리 모양이어서 서라벌 북천(北川)
에서 씻기니 이것이 떨어져 사람의 입이 보이게 된 경우이다. 본래의
모습이 계룡, 곧 닭용으로 이해된 이 아기는 새의 신, 새의 모습을 한
신의 자손인 셈이다. 흰말이 낳은 보랏빛 알 속에서 태어난 박혁거세
와 어울리는 배우자였던 셈이다.

삼국의 왕이나 지배자들의 무덤에서 발견되는 모자 장식 가운데
에는 새깃이나 새, 공작 형상인 것이 적지 않다. 신라나 가야의 무덤
에서 출토된 토기 뚜껑에 새 모양 장식이 덧붙여져 있는 경우는 매우
흔하다. 고구려 사람들이 수탉의 화려한 꽁지깃을 절풍이라는 모자
에 꽂고 다니기 좋아한 것도 이런 문화적, 종교적 흐름이 바탕이 되었
다고 하겠다.

---

* 이날 사량리(沙梁里) 알영정(閼英井)에서 계룡이 나타나 왼쪽 옆구리로부터 동녀(童
女)를 낳으니 자색이 뛰어나게 고왔다. 그러나 입술이 닭의 부리 같은지라 월성(月城) 북
천(北川)에 가서 목욕을 시켰더니 그 부리가 퉁겨져 떨어졌으므로 내의 이름도 따라서 발
천(撥川)이라 하였다.《三國遺事》卷1,〈紀異〉1, 新羅 始祖 赫居世王.

그림 34 새깃 장식 절풍 쓴 남자(전혜전 작)

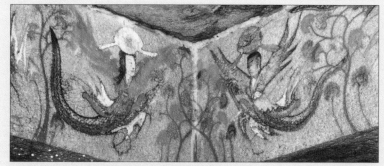

35-1 해신과 달신
(오회분4호묘, 중국 지안)

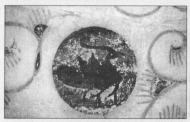

35-2 해 안의 세발까마귀
(각저총, 중국 지안)

35-3 해 안의 세발까마귀
(오회분4호묘, 중국 지안)

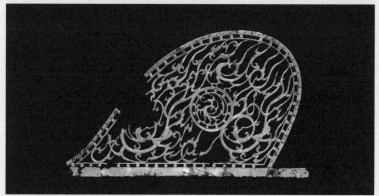

35-4 금동관모 해 안의 세발까마귀
(진파리7호분 출토, 북한 조선중앙력사박물관)

그림 35 해

주몽에서 온달까지 명궁으로 불린 사람들, 그들은 새깃 모자 절풍을 썼다: 새깃과 새에 얽힌 옛사람들 이야기

남으로, 남으로, 왕자 주몽의 독백.

맞히지 못한다는 생각을 한 적이 없다. 늘 맞혔으니까. 내 아버지는 하늘의 해요, 세상의 모든 것이 내 아버지의 빛살을 받는다. 나는 그의 아들이니 내가 쥐고 놓는 살이 맞히지 못하는 것이 어디 있겠는가? 살 하나에 하나를 맞히는 것이 내게는 숨 쉬는 것처럼 쉽고 자연스럽다. 나는 늘 한 숨에 한 살이었다. 숨 한 번 들이마시고 그치는 그 순간 내 살이 내 손가락 마디를 떠났다. 살은 어김없이 사슴이며 고라니의 관자놀이에 꽂혔다. 한 살에 한 마리! 내게는 예외가 없는 일이었다. 나는 늘 맞혔다.

어머니가 말씀하셨다. "너를 감춰라. 살을 빗겨 허공을 가르게 해라. 세 살에 하나 정도만 짐승의 목이며 엉덩이에 꽂아라. 관자놀이에는 꽂히지 않게 해라. 네가 그저 보통 사람보다 잘 쏘는 자라는 걸 알게 해라. 활 잘 쏘는 사람, 세상 주몽 중의 하나라는 사실만 기억하게 해라. 하늘의 해가 네 아버지임을 짐작하지도 못하게 해라. 그래야 큰 어려움 없이 네 갈 길을 갈 수 있다. 사람들이 몰래 네 등 뒤를 겨누지 않게 해라. 승냥이에 발뒤꿈치를 물리는 일이 없게 너를 잘 지켜라. 재주보다는 지혜가 먼저다. 하늘의 네 아버지가 어려움 겪는 너를 보지 않으려 구름으로 눈을 가리는 일이 없게 하라."

그러나 아버지로부터 받은 재주를 굳이 가리려 하지 않았다. 어머니의 말씀대로 하기에는 내 자부심이 너무 강했다. 나는 나를 감추는 게 비겁한 행동이라 생각했다. 난 떳떳한 청년이려고 했다. 내가 하늘의 해를 아버지로 둔 사람이라는 게 감출 일인가? 내가 보통 사람과 다르다는 걸 굳이 숨겨야 하나? 난 왕실 사람 모두가 나가는 큰 사냥에서 잘난 체하며 눈 흘기는 태자 대소의 코를 납작하게 하고 싶었다. 그가 더는 턱을 쳐들고 으스대며 다니지 못하게 하고 싶었다. 그와 그의 동생들이 내 앞에서 고개를 숙이며 겸손하게 예를 표하게 하고 싶었다. 내가 누군지를 알게 하려고 마음먹었다. 한나절이 가기 전에 한 살에 한 마리씩, 큰 놈들만 골라 여럿 맞혔다.* 큰 범도 한 살에 고꾸라뜨렸다. 작은 고라니며 오소리는 거들떠보지도 않았다.

결국, 태자 대소의 종자가 내게 활을 겨눴다. 내 등으로 살을 놓았고 그것이 내 귀를 스쳤다. 그때야 '어머니의 말씀이 이것이구나.' 했다. 사냥에서 돌아온 그날 밤, 늦게 어머니께 떠나겠다고 말씀드렸다. 어머니께서 가타부타 말씀 없이 대뜸 보따리를 하나 내주셨다. 내게 "너를 감추라."라고 말씀하시던 그날 싸둔 것이라고 하셨다.

날이 밝아올 즈음, 아버지께서 어머니가 계신 별궁에 첫 햇살을 내리실 때 나를 따르던 세 친구, 오이, 마리, 협보와 함께 부여의 왕도를 떠났다. 말 머리를 남으로 하여 쉼 없이 달려 내려갔다. 어머니 말씀에 사냥터 일이 왕의 귀에 들어가지 못하게 하려 대소와 동생들, 그의 종자들이 내 뒤를 쫓을 것이니 한나절 동인은 쉬지 말고 남으로 내달리라고 하셨다. 내 아버지의 빛살이 하늘 한가운데서 나를 보고 손 흔들기까지 어머니의 말씀대로 남으로, 남으로 말을 몰아 내려갔다. 남녘 산하의 숲이며 시내가 어떤 색으로 바뀌고 있는지 볼 겨를도 없었다. 물 한 모금 마실 시간도 아끼며 달리고 또 달렸다.

---

* 어머니에게, "파리들이 눈을 빨아 잘 수 없으니 어머니는 나를 위하여 활과 화살을 만들어주세요." 하였다. 어머니가 댓가지로 활과 화살을 만들어주니 스스로 물레 위의 파리를 쏘는데 화살을 쏘는 족족 맞혔다. 부여(扶餘)에서 활 잘 쏘는 것을 주몽(朱蒙)이라고 들 한다. 나이가 많아지자 재능이 다 갖추어졌다. 금와왕은 아들 일곱이 있는데 항상 주몽과 함께 놀며 사냥하였다. 왕의 아들과 따르는 사람 40여 인이 겨우 사슴 한 마리를 잡았으나 주몽은 (혼자서) 사슴을 많이 쏘아 잡았다. 왕자가 시기하여 주몽을 붙잡아 나무에 묶어 매고 사슴을 빼앗았다. 그러자 주몽이 나무를 뽑아버리고 갔다. 태자(太子) 대소(帶素)가 왕에게, "주몽이란 자는 신통하고 용맹한 장사여서 눈초리가 비상하니 만일 일찍 도모하지 않으면 반드시 후환이 있을 것입니다." 하였다.《東國李相國集》卷3,〈古律詩〉, 東明王篇.

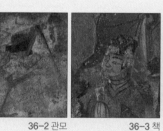

36-1 관모
(안악3호분)

36-2 관모
(수산리벽화분)

36-3 책
(안악3호분)

36-4 책
(수산리벽화분)

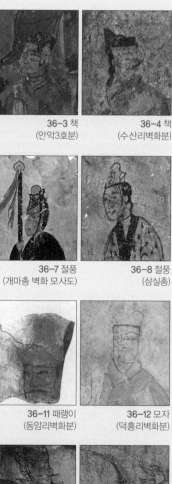

36-5 새깃 장식 절풍
(무용총)

36-6 깃 장식 절풍
(동암리벽화분)

36-7 절풍
(개마총 벽화 모사도)

36-8 절풍
(삼실총)

36-9 흑건
(덕흥리벽화분)

36-10 흑건
(수산리벽화분)

36-11 패랭이
(동암리벽화분)

36-12 모자
(덕흥리벽화분)

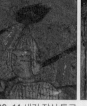

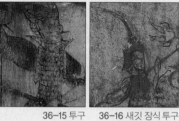

36-13 새깃 장식 투구
(안악3호분)

36-14 새깃 장식 투구
(안악3호분)

36-15 투구
(삼실총)

36-16 새깃 장식 투구
(덕흥리벽화분)

그림 36 모자

남자는 모자로 신분을 나타냈다

- 대가와 주부는 머리에 책을 쓰는데 모양이 책과 같으나 뒤가 없고, 소가는 절풍을 쓰는데 모양은 변(고깔)과 같다.[大加·主簿頭著幘, 如幘而無後, 其小加著折風,形如弁]

  《三國志》卷30,〈烏桓鮮卑東夷〉第30, 高句麗.

- 머리에는 절풍을 쓰는데, 그 모양은 변과 같다. 그 옆에다 새의 깃을 꽂는데 귀천에 따라 차이가 있다.[頭著折風, 其形如弁, 旁挿鳥羽, 貴賤有差]

  《魏書》卷100,〈列傳〉第88, 高句麗.

- 그 관은 골소라고 하는데 자주색 비단으로 만들고 금과 은으로 여러 가지 장식을 한다. 그들 중에서 벼슬을 한 자는 그 위에 새깃 두 개를 꽂아 다른 사람과 구분을 하며….[其冠曰骨蘇, 多以紫羅爲之, 雜以金銀爲飾. 其有官品者, 又挿二鳥羽於其上, 以顯異之]

《周書》卷49, 〈列傳〉第41, 〈異域〉上, 高麗.

- 사람들은 모두 머리에 절풍을 쓰는데 모양이 변과 비슷하다. 사인들은 두 개의 새깃을 더 꽂는다. 존귀한 자는 자라로 만들고 금은으로 장식한 '소골'이라 하는 관을 쓰고…[人皆頭著折風, 形如弁, 士人加揷二鳥羽. 貴者, 其冠曰蘇骨, 多用紫羅爲之, 飾以金銀]

《北史》卷94, 〈列傳〉第82, 高麗.

- 사람들은 모두 피관을 쓰는데, 벼슬한 사람은 관에 새깃을 꽂는다. 귀족은 관에 자라를 사용하고 금은으로 장식을 한다.[人皆皮冠, 使人加揷鳥羽. 貴者冠用紫羅, 飾以金銀]

《隋書》卷81, 〈列傳〉第46, 東夷 高麗.

- 왕은 5색 비단옷을 입고 백라로 관을 만들어 쓰며 허리띠에는 모두 금테를 두른다. 대신들은 청라관을 쓰고, 그다음은 강라관을 쓰는데 새깃 둘을 꽂았고, 금과 은을 섞어 테를 두른다. 저고리는 통소매이고 바지는 통이 크며, 백위대를 두르고 황혁리를 신는다. 서인들은 갈옷을 입고 변을 쓴다. 여자들은 머리에 수건을 쓴다.[王服五采, 以白羅製冠, 革帶皆金釦. 大臣靑羅冠, 次絳羅, 珥兩鳥羽, 金銀雜釦. 衫筩袖, 袴大口, 白韋帶, 黃革履, 庶人衣褐, 戴弁. 女子首巾巾幗]

《新唐書》卷220, 〈列傳〉第145, 東夷 高麗.

전근대에는 동서를 가리지 않고 남자의 신분과 직업을 모자로 나타냈다. 근대 이전 한국에서 남자는 장가를 들면 어른으로 취급받았고 상투를 틀었다. 집 밖으로 나가야 할 때는 상투 튼 머리를 뭔가로 덮었다. 신분이 낮아 내보일 것이 없는 남자는 머리에 검은 두건을 둘러 상투를 가렸다.

고구려 남자로 평범한 백성 위의 낮은 등급 귀족은 고깔 보양의 모자 절풍을 머리에 썼다. 물론 아무 장식이 더해지지 않은 민 절풍이다. 새깃 두 개를 꼽은 절풍을 쓴 사람은 낮더라도 벼슬자리에 있는 사람이었다. 벼슬자리가 점점 높아지면 절풍에 꽂는 새깃의 수도 늘어난다. 등급이 높은 벼슬아치는 은깃, 금깃으로 절풍을 장식하는 깃의 재질을 다르게 했다.

절풍이 고구려 고유의 모자라면 책은 외래의 것이다. 중국왕조의 관원들이 머리에 썼던 책과 거의 같은 형태의 것을 고구려 관인들이 썼다. 모자의 뒤쪽이 뾰족하게 솟도록 만든 책도 등급에 따라 뿔의 수가 달랐다. 뿔이 하나인 것을 머리에 썼다면 등급이 낮은 사람이고 둘인 것을 썼다면 태수나 장군같이 중급 정도의 벼슬자리에 있는 사람이다. 중앙정부의 상급 귀족, 관인들은 관(冠)이라 불리는 네모진 모자를 머리에 썼다. 내관과 외관으로 나뉜 이 모자는 외관인 라관(羅冠)의 색으로 위아래를 나누었다. 고운 비단인 라의 색으로 등급을 알아볼 수 있게 한 것이다.

고구려에서도 직업이나 하는 일에 따라 모자의 형태가 달랐다. 패랭이는 야외에 나갈 때 사용하는 챙이 넓은 모자였다. 사냥을 나가는 사람들은 검은 두건으로 상투를 두르기도 하고 패랭이를 쓰기도 했다. 귀족들은 새깃으로 멋지게 장식한 절풍을 머리에 써 자신의 지위와 신분을 과시했다. 후대의 망건(網巾)에 해당하는 모자를 머리에 덧쓰는 예도 있었다. 군대에서도 투구에 새깃을 얼마나 꽂았느냐로 등급을 알게 했다. 말도 투구와 갑옷으로 무장시킨 철기(鐵騎)의 기사는 투구의 장식대를 높이고 그 위에 많은 새깃을 꽂아 자신의 지위를 과시했다.

37-1 무용총   37-2/37-3 안악3호분   37-4 덕흥리벽화분

37-5 안악3호분   37-6 개마총   37-7 안악3호분   37-8 각저총

37-9 감신총   37-10 팔청리벽화분   37-11 무용총   37-12 장천1호분

그림 37 허리띠를 맨 고구려의 남자와 여자

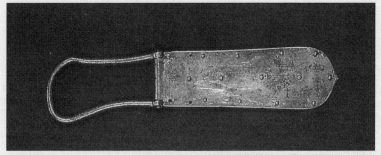

38-1 덕화리3호분, 북한 조선중앙력사박물관

38-2 호남리사신총, 북한 조선중앙력사박물관

38-3 산성하152호분,
중국 지안박물관

38-4 우산하151호분,
중국 지안박물관

38-5 산성하160호분,
중국 지안박물관

38-6 산성하725호분,
중국 지안박물관

그림 38 허리띠 고리와 허리띠 꾸미개

허리띠

"보통 분이 아닌 것 같아요. 얼핏 보니 허리띠 작은 고리들 사이로 조그만 칼집이 하나 달렸는데, 여치 눈만 한 귀한 옥이 몇 방울 붙어 있는 것 같았어요. 차마 들여다보지는 못했으나 퍼런 옥빛이 슬쩍 눈에 어렸습니다. 아무래도 어디 먼 데서 온 듯합니다."

　모자만 아니라 허리띠도 신분이며 지위, 직업과 관련이 깊었다. 희거나 검은 끈으로 허리께를 질끈 맸다면 백성 중의 한 사람, 귀족 집안의 종이나 노비였으리라. 혹, 주인과 함께 사냥 나온 귀족 집의 식객으로 아직 벼슬자리 나가기 먼 사람이라면 그 역시 검게 물들인 무명 끈 하나로 긴 저고리 중간을 둘러 질끈 묶고 말 일이다.
　그러나 하급 관원이라도 되어 나랏일을 보고 있거나, 세가 큰 귀족이며 장군이 열어둔 막부(幕府)의 직책을 맡은 사람이라면 아무 장식도 달리지 않은 무명 끈을 허리에 둘러맬 수는 없으리라. 옷도 궁중이나 막부 관리답게 입어야 할 것이고 허리띠로 자신의 직책이며 지위를 알게 해야 할 것이다. 관원이 허리에 두르는 띠는 신분, 지위와 직접 관련이 있으니까 당연한 일이 아니겠는가?

고구려에서도 신라, 백제에서처럼 관원은 허리띠의 재질, 색, 장식물의 종류로 위아래가 구분되었다. 금제, 은제 허리띠에는 고리를 거는 큰 틀이 용, 호랑이, 봉황 무늬로 장식되었으나 동제 및 철제 허리띠의 큰 고리는 꽃잎무늬이거나 장식무늬가 없다. 신라의 경우, 최상급의 금제 허리띠에는 여러 개의 커다란 곡옥을 드리개로 달아 신라 사람들이 옥에 높은 가치를 부여했음을 알게 하기도 한다. 신라의 금제 허리띠 드리개로 나오는 숫돌이나 작은 칼은 본래 실용적인 용도로 달렸을 것이나 상징성만 남은 장식물이 된 경우라고 할 수 있다. 400년을 기점으로 반세기 이상 고구려 문물이 신라에 전해졌고 그런 기간에 이런 금제 허리띠가 왕릉에 묻혔음을 감안하면 고구려의 허리띠도 이런 점에서는 큰 차이가 없었을 것이다.

직업이나 신분과 관련 있는 장식들이 드리개로 주렁주렁 달린 금속제 허리띠! 무명 띠 하나 허리에 두르고 바삐 일 보고 다니던 평범한 사람들은 평생 차볼 일이 없기 십상이다. 조선시대에도 백성이어도 혼례를 치를 때는 신랑이 사모관대로 멋 부리고, 신부가 높고 무거운 가발 머리에 족두리 올리고 예쁜 노리개 주머니 한쪽에 찬 채 고급스러운 치마저고리 차림일 수 있었던 것도 나라에서 '평생 한 번' 허용했기 때문이리라.

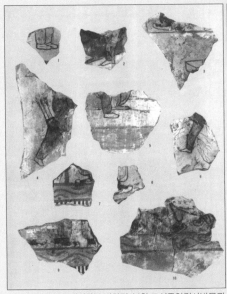

39-2 오회분4호묘, 중국 지안

39-1 동암리벽화분 벽화편, 북한 조선중앙력사박물관

39-3/39-4 무용총, 중국 지안

39-5 덕흥리벽화분, 북한 남포

39-6 무용총, 중국 지안

39-7 수산리벽화분, 북한 남포

39-8 약수리벽화분, 북한 남포

그림 39 신발

40-1 가죽신(쌍영총, 북한 남포)

40-2 금동 못신(국립중앙박물관)

40-3 갑주무사가 신은 못신(삼실총, 중국 지안)

그림 40 신발

신발

고구려에서 신발의 재료로 가장 널리 사용된 것은 가죽, 나무, 잘 말린 갈대 및 짚이었다. 이 외에 금동이나 쇠 같은 금속이나 천이 신발 재료로 쓰이기도 했다. 가죽으로 만든 신은 주로 귀족들이 사용했으며 쓰임새에 따라 신발 목의 길이가 달랐다. 신발 목이 무릎 근처까지 오는 긴 장화는 귀족이 전쟁에 나가기 위해 무장한 채 말을 타고 나갈 때 착용하였다. 발목 위로 조금 올라오는 정도의 짧은 장화는 소가 끄는 수레를 타고 외출하거나 정부의 관리로서 일하러 오갈 때 신었다. 신발 목이 없는 가죽신은 일상생활 중에 사용했다.

귀족과 달리 일반 백성은 갈대나 짚으로 만든 풀신을 신었다. 풀신은 신발 목이 없었다. 나무로 만든 신은 비가 와 땅이 질었을 때 사용한 것으로 오늘날 나막신으로 불리는 것이다. 불교신앙을 전하기 위해 여기저기 다니는 곳이 많았던 승려들도 나무신을 신는 경우가 많았다.

고구려를 비롯한 삼국 사회에서는 금동이나 쇠로 만든 특별한 신도 만들었다. 금속신은 보통 바닥에 쐐기를 촘촘하게 거꾸로 박은 못신(일명 스파이크 신발) 형태로 만들어졌는데, 전투용이다. 전투에 나가는 기사들은 가죽신 위에 못신을 덧신어 전투 중 접근하는 적군을 차는 등의 용도로 이 신발을 사용했다. 통구12호분 벽화에는 금속제 못신을 신은 군관이 패한 적군의 손목을 이 신으로 밟아 무기를 쥐고 있지 못하게 하는 장면이 그려져 있다. 삼실총의 갑옷, 투구 차림 문지기 장수도 발에 못신을 신고 있다.

금속제 못신은 무덤 속 부장품으로 확인되기도 한다. 유물로 확인된 못신이 길이만 270㎜ 이상인 것은 삼국시대의 장수들이 키 크고 발이 길어서가 아니라 이런 신을 가죽신에 덧대어 신었던 까닭이다. 실제 신발의 위쪽 띠 둘레에 해당하는 곳에는 일정한 간격으로 작은 구멍이 뚫려 있어 가늘고 질긴 가죽끈으로 가죽신과 못신을 하나로 묶었음을 알 수 있다.

고구려 사람들은 한가하게 평상 위에 앉아 쉴 때는 신발을 벗어 평상 아래 두었다. 침대 위에 누워 잘 때만 신발을 벗는 유럽인이나 한족과는 대조적이다. 삼국시대에는 아직 일반 백성들의 민가에만 '一'자나 'ㄱ'자 쪽구들 온돌이 사용되는 정도였다. 이런 사실을 고려하면 고구려 사람들은 방에 들어가지 않고도 신발을 벗으며 온돌 시대를 미리 맛본 셈이라 하겠다. 중앙아시아 여러 나라 사람들도 평상 위에서 쉴 때는 신발을 벗으니 혹 고구려에서 천천히 서쪽으로 옮아간 습관은 아닐까?

41-1/41-2 무용총, 중국 지안

그림 41 저고리와 바지 차림의 기마인물

42-1 귀족 남자
(무용총, 중국 지안)

42-2 의장기수
(안악3호분, 북한 안악)

42-3 시종
(개마총 벽화 모사화,
북한 평양)

 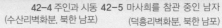

42-4 주인과 시동
(수산리벽화분, 북한 남포)

42-5 마사희를 참관 중인 남자
(덕흥리벽화분, 북한 남포)

그림 42 저고리와 바지 차림의 남자

43-1 두 남자
(동암리벽화분 벽화편,
북한 조선중앙력사박물관)

43-2
씨름을 심판하는 노인
(각저총, 중국 지안)

43-3
주인을 전송하는 시종
(무용총, 중국 지안)

43-4 무용수(무용총)

43-5 재주꾼(수산리벽화분, 북한 남포)

그림 43 저고리와 바지 차림의 남녀

남자도 여자도 저고리와 바지로

바지는 목축이나 수렵을 업으로 삼는 사람들에게 꼭 필요한 옷이다. 저고리와 바지를 갖추어 입고 숲이며 들판으로 나가는 게 조상에게서 물려받은 그대로다. 겨울은 차고 길며 여름은 잠시 후덥지근한 땅에 살던 이들이 신경을 쓰게 되는 건 가을과 봄 사이 날씨다. 모든 것이 말라 누렇게 되고 코끝에 들어오는 공기는 쌀쌀한 땅. 늘 따뜻한 건 잠깐인 땅. 엉덩이를 덮는 긴 저고리며 찬 기운을 막는 두 가랑이 바지는 필수다. 그 위에 길고 두툼한 두루마기를 걸친다.

고구려의 기본 옷차림도 저고리와 바지였다. 남자는 저고리와 바지였고 여자는 거기에 치마를 더했다. 기본 옷차림에 두루마기를 더한 것은 남녀 모두 같았다. 귀족은 소매나 바짓가랑이 폭이 넓은 것을, 평범한 백성은 좁은 것을 입는 게 일반적이었지만 반드시 그렇지는 않았다. 귀족 가문에서 일하는 남녀 시종 가운데 가랑이 폭이 넓은 바지를 입는 사람도 있었음이 벽화로 확인된다. 시종도 위아래가 있었으니 시종들의 우두머리에 해당하는 사람에게 허용된 일이었을 수 있다.

골품제를 바탕으로 의식주 전반에 걸쳐 엄격한 신분적 차이를 유지하게 했던 신라의 사례가 아니더라도 재력의 다소나 신분, 지위의 높낮이로 말미암은 복식의 차이는 고구려에서도 뚜렷했다. 염색되었는지 여부, 옷감의 재질, 장식무늬의 정교한 정도 등에서 귀족과 일반 백성이 입는 옷은 구분될 수밖에 없었다. 아름다운 색으로 염색된 비단옷, 꽃점무늬나 다이아몬드 꼴 무늬 등으로 촘촘히 장식된 저고리며 바지가 일반 백성의 차지가 되기는 현실적으로도 어려웠다.

물론 사냥을 나가거나 마사희(馬射戲)와 같이 빠르고 격렬한 움직임을 전제로 한 야외 활동 중에는 귀족이라도 재질이 튼튼하며 별다른 장식무늬가 더해지지 않은 옷을 입었다. 고구려의 귀족인 대가와 소가들이 애용하던 절풍을 머리에 쓰기도 했지만, 평범한 백성에게는 당연했던 검은 두건으로 머리를 싸기도 했다. 전쟁에 나갈 때 전투복을 착용하듯이 고구려 남자들도 관아에 출근할 때에는 관복, 평상시의 일상 활동 중에는 평상복, 사냥 등의 야외 활동이 예정되었을 때는 야외용 복식을 갖추어 입었다.

고구려 사람들이 저고리와 바지를 기본 옷차림으로 삼았음은 중국의 역사기록에도 잘 남아 있다.* 그러나 고구려는 땅이 넓어 지역에 따른 종족적·문화적 차이도 있었던 만큼 복식도 지역에 따른 차이를 보인다. 가장 뚜렷하게 구분되는 것은 고구려가 성립하여 오랜 기간 정치적·문화적 중심으로 기능했던 압록강 중류 일대, 곧 국내성 지역과 427년 천도 이후, 동아시아에서도 손꼽히는 문화중심의 한 곳이 되었던 평양 지역의 복식이다.

고구려 북방문화의 중심이었던 국내성 지역에서는 평범한 사람들도 원점무늬 장식이 있는 옷감으로 만든 저고리와 바지를 입는 것이 일반적이었다. 반면 남방문화의 중심이던 평양 지역 사람들은 장식무늬 없는 단색 저고리와 바지를 입었다. 평양 일대는 고조선의 수도 왕검성이 있던 곳이고 중국 한나라 동방 군현의 중심인 낙랑군이 오랫동안 자리 잡았던 곳이다. 이런 까닭에 이 지역 사람들은 왼쪽 여밈이 일반적이던 국내성 지역과 달리 오른쪽 여밈의 저고리를 걸쳤다. 여밈이 없는 둥근 깃의 긴 윗도리를 입기도 했다.

동아시아의 중심 국가로 위상을 높이던 5세기 중엽에는 고구려 문화의 지역색도 약화되는 경향을 보인다. 평양 지역 주민들의 복식도 고구려 색이 뚜렷해져 국내성 지역과 큰 차이를 보이지 않는다. 고구려 대가와 소가가 즐겨 쓰던 전통 모자인 절풍, 원점무늬를 비롯한 다양한 장식무늬 옷감으로 만든 저고리와 바지가 평양 지역에서 유행하는 것도 이 시기이다. 고구려 사람들의 전통문화에 대한 자부심이 한껏 높아지면서 나타난 현상이다. 고구려 중심의 천하관이 성립하여 내외에 과시, 확산하는 곳도 5세기 중엽의 평양이 출발점이다.

---

* 남자는 소매가 긴 적삼에 통이 넓은 바지를 입고, 흰 가죽띠와 누런 가죽신을 신는다. 그들의 관(冠)을 '골소(骨蘇)'라고 부르는데, 대부분 자주색 비단으로 만들었고 금은(金銀)으로 얼기설기 장식하였다. 벼슬이 있는 사람은 그 위에 새의 깃 두 개를 꽂아 뚜렷하게 차이를 나타낸다. 부인들은 치마와 속옷을 갖추어 입고 옷자락이나 소매에는 선을 둘렀다. 《周書》卷49, 〈列傳〉第41, 〈異域〉上, 高麗.

44-1 베 짜는 여인
(대안리1호분 벽화 모사도, 북한 남포)

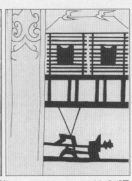

44-2 베틀
(마선구1호분 벽화 모사선화,
중국 지안)

44-3 견우와 직녀(덕흥리벽화분, 북한 남포)

그림 44 길쌈

소 모는 청년, 베 짜는 처녀, 견우직녀 설화, 신라의 길쌈 경기와 회소곡

견우는 목동이고 직녀는 베 짜는 여인이다. 고구려 광개토대왕의 신하였던 유주자사 진(鎭)의 무덤, 덕흥리벽화분에는 은하수를 건너 소를 끌고 돌아가는 견우, 1년 뒤의 만남을 기약하며 아쉬운 눈길을 보내는 직녀 그림이 남아 있다. 견우는 돌아보지 않으려 애쓰며 소고 삐를 쥔 채 부지런히 앞으로 발걸음을 옮기고, 직녀는 치마 깃이 물가에 닿는 것도 모르고 견우 쪽으로 몸을 더 내밀었다.

고구려에서도 백제에서도 길쌈은 여인의 몫이었다. 나라에 내는 세금도, 장터에서 거래한 물건값도, 외지에 나간 군인이 받던 급료도 베나 비단으로 치르던 시대였다. 베며 비단은 신궁(神宮)이나 신사(神祠)에 바치는 예물 가운데 으뜸이었을 것이다. 신궁이며 신사에서 일하는 여인들이 일상적으로 하는 일 가운데 하나가 길쌈이었던 것에서도 이를 미루어 짐작할 수 있다.

149

민가의 여인들이 틈만 나면, 아니 밤잠을 줄여서라도 해야 했던 일도 길쌈이었다. 성긴 베건 촘촘한 베건 베는 어디에서나 소용되었으며 명주실로 짜낸 비단은 더 높게 쳤으니 이는 당연한 일이기도 하다. 나라에서도 민간에서도 길쌈 잘하는 사람은 높임을 받았다.

신라에서는 해마다 나라 차원의 길쌈 내기를 했다.* 서라벌 6부의 여인을 두 패로 나누어 길쌈 솜씨를 겨루게 했다. 이기고 짐이 갈리면 진 쪽이 술과 음식을 내어 상대와 나눈다. 이 행사는 노래와 춤이 오가고 다음을 기약하면서 끝난다. 신라에서 길쌈을 담당하는 국가의 부서가 있었듯이 고구려와 백제도 이런 부서가 있어 나라 차원의 길쌈 내기를 주관했을 수 있다.

한 필의 옷감이 만들어지는 과정은 간단치 않다. 시작은 삼이나 모시, 명주로 실을 내는 일이다. 삼이나 모시를 재배하고 거두어 잘 말린 뒤 가늘게 찢는 일은 손이 많이 간다. 정성 들여 재배한 뽕나무의 잎으로 누에를 기른 뒤 누에고치를 삶아내 실을 자아내기는 더 어렵다. 삼실이며 모시실, 명주실로 베와 비단을 짜내면서 다양하게 색을 들이고 정교하게 무늬를 넣는 과정은 더욱 복잡하다.

삼베며 모시 베, 비단의 값어치는 실의 가늘고 굵은 정도와 짜 넣

---

* 왕이 6부를 모두 정하고 이를 둘로 갈라 왕녀 두 사람으로 하여금 각기 부내(部內)의 여자를 거느리고 무리를 나누게 했다. 가을 7월 16일부터 매일 일찍 큰 부(部)의 뜰에 모여 마포(麻布)를 짜고 밤 10시에 파했다. 8월 15일에 이르러 그 공의 많고 적음을 가려 진 쪽에서는 술과 음식을 내 이긴 쪽에 사례했다. 이에 노래하고 춤추며 온갖 놀이를 즐겼으니 이를 가배(嘉俳)라 불렀다. 이때 진 쪽의 한 여자가 일어나 춤추고 읊조려 "회소(會蘇) 회소"라 하니 그 소리가 애처롭고도 우아했다. 후세 사람들이 그 소리로 노래를 만들어 회소곡(會蘇曲)이라 이름 지었다. 《三國史記》卷1, 〈新羅本紀〉1, 儒理尼師今 9年 春.

은 실의 성기고 촘촘한 차이, 염색 수준과 색의 종류, 옷감에 넣은 무늬의 크기와 간격, 형태, 정교한 정도에 따라 다 달랐다. 고급스러운 것은 가벼우면서 질겼지만, 보통의 것은 성기고 거칠며 쉽게 닳았다. 왕과 왕실, 귀족의 등급, 관리의 지위, 백성의 직업에 따라 사용할 수 있는 옷감에 차등이 있었다.

고구려, 백제, 신라에서 생산된 옷감 가운데 일부는 이웃 일본이나 내륙아시아 여러 민족뿐 아니라 비단의 나라 중국에서도 호평받으며 팔려 나갔다.* 예(濊)와 삼한에서도 이미 뽕나무 재배가 장려되고 누에치기가 적극적으로 장려되는 등, 질 좋은 비단을 생산하기 위한 노력이 오래전부터 기울여져 온 까닭이라 하겠다.**

---

* 이때 백제의 초고왕은 매우 기뻐하여 대접을 후하게 하고서 오색 채견 각 한 필과 각궁 전 및 철정 40매를 이파이에게 하사하였다. 《日本書紀》卷9, 〈神功皇后 攝政〉46年; 제28 대 진덕여왕은 왕위에 올라 스스로 태평가를 짓고, 비단을 짜서 태평가로 무늬를 놓아 사 신을 시켜 당나라에 가서 이것을 바치게 했다. 《三國遺事》卷1, 〈紀異〉1, 眞德王.

** 삼(麻)을 심고 누에를 기르며 면포를 만든다. 《後漢書》卷85, 〈東夷〉75, 濊; 누에치기 와 뽕나무 가꿀 줄 알고 겸포를 짠다. 《後漢書》卷85, 〈東夷〉75, 辰韓; 뽕나무와 삼이 많아 서 겸포를 만든다. 《梁書》卷54, 〈列傳〉48, 東夷 新羅.

4부

풍
경

45-1 무용총

45-2 덕흥리벽화분

45-3 감신총

45-4 내리1호분

45-5 강서중묘

45-6 강서대묘

그림 45 산

산

　사냥장면을 묘사하면서 산을 물결처럼 흐르는 띠로 채우고, 종이로 형상 만들어 오려 붙이기 식으로 묘사하는 것은 산이 배경이라기보다 기호로 사용되었기 때문이다. 물론 화가도 산야가 화면의 주요한 배경이라는 사실을 잘 안다. 몰이꾼들이며 창잡이, 기마 활잡이들이 무리 지어 나서는 사냥이 산과 들판 대신 집 안팎 골목에서 이루어지는 것은 아니지 않은가?

　덕흥리벽화분이나 무용총 벽화의 〈사냥도〉를 그리던 고구려 화가들에게 산이나 들판, 바위와 언덕은 관찰과 묘사의 대상으로 중요하게 여겨지지 않았다. 풍경보다 사람이며 동물, 사건의 전개 과정이나 내용을 어떻게 보여주느냐, 기록으로 잘 남기느냐가 더 중요했다. 죽은 이의 저세상 삶을 벽과 천장에 그려야 하는 화가에게는 더 그러했을 것이다.

그러나 사냥장면의 배경으로 그려질 때와 달리 산이 나름의 무게와 의미를 지니기도 했다. 산이 기호로, 혹은 단순한 배경으로 그려지기보다 의미 있는 풍경, 도달해야 할 장소로 화가의 마음에 깊이 와닿았다면 진지하게 재구성되어 그려질 수밖에 없다. 이럴 때 산은 화가가 마음과 눈, 손으로 동시에 그리게 된다.

감신총 벽화의 서왕모(西王母)는 모든 땅의 서쪽 끝 곤륜산의 주인이다. 이 산은 하늘과 닿을 정도로 높고 아래보다 위가 넓어 기어서 오를 수도 없고, 둘레를 도는 약수(弱水)라는 강은 새의 깃털도 빠뜨리는 곳이어서 날아서 건널 수도 없다.* 오직 부리에 사당이라는 붉은 열매를 문 봉황만이 이 강을 날아 건넌다. 이 산에 이르기만 한다면 산의 주인인 서왕모가 불로불사(不老不死), '영원한 삶'을 누리게 해줄 수도 있다. 그러니 누구나 이 산을 올라 서왕모의 궁(宮)에 이르고 싶지만 꿈도 꾸기 어려운 일이다.

곤륜산이 바로 이 서왕모 이야기의 중심 무대이므로 화가는 산을 그리는 데에 마음을 모으고 필력을 쏟을 수밖에 없다. 비록 무용총 사냥장면의 산과 비슷한 분위기이나 감신총 벽화를 그린 화가가 하늘 높이 잇달아 솟은 산 위의 산을 몇 차례 묘사하는 데에 기울인 정성은 만만치 않았을 것이다. 그러나 막연히 비스듬히 길게 높이 뻗은 대의 가로대마다 산을 그린 까닭에 사다리 효과가 두드러져 보는 이

---

* 산의 형태를 호리병 모양으로 상정하여 '존재하지만 이를 수 없는 곳'이라는 이미지를 만들어낸 경우이다. 신화의 세계에서 하늘 위는 땅에 있는 모든 것이 있으나 닿을 수 없는 또 하나의 세계로 묘사된다. 하늘 위는 불사(不死)의 세계인 까닭이다. 호리병 우주관은 신화의 세계에서 보편적으로 확인되는 세계관의 한 유형이다.

의 눈에 산이 산처럼 들어오지는 않는다.

5세기 고분벽화의 〈사냥도〉에 묘사된 산들은 산이 지닌 특유의 높이와 깊이를 제대로 드러내지 못한다. 화가도 기암괴석 사이로 맑은 물소리가 들리고, 아름드리나무들로 가득한 숲의 깊은 그늘 사이를 조심스레 오가는 크고 작은 짐승들의 발소리를 느낄 수 있도록 산과 계곡을 그려낼 마땅한 방안을 찾기 어려웠을 수 있다. 그래도 나름의 훈련으로 내공을 쌓은 화가라면 시도해 볼 만한 일이다. 그러나 그러지 못한 것은, 화가가 살던 시대가 산을 옛 방식으로 그리기를 요구했거나 사회가 새로운 방식으로 묘사된 산을 받아들일 준비가 되어 있지 않은 때문일 것이다.

6세기에 들어서면 고구려의 화가들은 산을 보고 느끼는 그대로 묘사하고 보여주려 한다. 내리1호분 널방 천장고임 모서리에는 한 폭의 〈산수도〉가 제대로 그려졌다. 산줄기의 명암까지 잘 표현한 이 그림은 사냥터의 배경이자 기호이던 '주마간산(走馬看山)'의 그 산이 아니다. 화가가 산이 지닌 의미와 가치에 깊이 공감하며 자신의 눈에 비친, 마음속에서 떠오르는 산의 이미지를 온전히 되살려 낸 경우이다.

강서대묘의 널방 천장고임 벽화에 두 차례 등장하는 산봉우리들은 산줄기 선이 부드럽게 흘러내리는 토산과 기암괴석의 각진 상태로 솟은 암산이 절묘하게 어우러진 모습을 잘 보여준다. 화가는 상서로운 큰 새를 타고 이 산을 향하여 날아가는 신선을 그려 아득히 펼쳐지는 이런 산이 이 봉우리 저 봉우리에 신선들이 산다는 전설 속

의 삼신산(三神山)임을 알게 한다. 6세기가 되면 고구려 벽화 속의 산
도 깊이와 너비를 제대로 갖추고 뭇 생명의 삶을 온전히 담은 산이
되었다고 할까?

46-1/46-2 무용총

46-3 덕흥리벽화분

46-4 약수리벽화분

46-5 내리1호분

46-6 진파리1호분

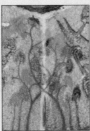
46-7 오회분4호묘

46-8 강서대묘

그림 46 나무

나무

　무용총 〈사냥도〉에 묘사된 나무는 두 종류다. 각각에 부여된 의미도 다르다. 사냥터의 산과 들판에 그려진 나무들은 사냥 공간의 일부이다. 그러나 우교차 두 대가 세워진 장면과의 경계에 묘사된 거대한 나무는 화면을 둘로 나누기 위한 장치이자 신앙 대상으로서 성격을 지닌 신성목(神聖木)이다. 이런 까닭일까? 사냥터의 나무들은 굵게 솟아오른 줄기에 가지들이 짧게 나란히 돋았고 잎은 뭉텅이로 표현되었다. 신성목이자 경계목인 거대한 나무는 높이 솟은 굵은 줄기 곳곳에 많은 가지가 좌우로 뻗었고 가지 끝에 다시 잔가지가 돋았으며 그 위에 잎이 뭉텅뭉텅 묘사되었다.

　언제 어디서나 높이 솟은 아름드리나무를 쳐다보는 사람들은 알 수 없는 경외감에 휩싸이곤 한다. 어쩌다 나무 꼭대기에 앉은 매나 솔개를 보면 하늘에서 내려온 사자로 여겨 마음속으로 하늘에 비는 말을 중얼거리는 사람도 있을 것이다. 새가 하늘로 올라가 빈 사람의 소원을 전해달라는 마음의 표현인 셈이다.

오백 년, 천 년 묵은 나이 많은 나무는 흔히 땅과 하늘을 잇는 기둥으로 여겨졌다. 높은 산꼭대기의 거목이라면 더욱더 그럴 가능성이 크다 하여 신앙의 대상이 되는 일이 많았다. 사냥장면 한쪽 끝의 거목도 그런 나무로 인식되고 묘사되었을 수 있다.

그러나 사냥터 한복판의 나무들은 신앙의 대상이 아니다. 산과 들판에 터 잡은 나무일 뿐이다. 물결치는 띠가 겹친 듯이 그려진 산이 온전한 제 모습이 아니듯이 사냥터 안의 숲을 이룬 들판의 나무며 산줄기에 솟은 나무도 진지한 신앙의 대상이 아니다. 사냥터를 잘 보여주기 위한 장치의 하나이자 기호에 가깝다. 화면 속 주연은 사람과 말, 사냥 대상이 된 짐승들이다. 나무 묘사가 허술하여 줄기, 가지, 잎 모두 고사리 돋듯 어설픈 형상으로 마무리된 것도 이 때문일 것이다.

무용총에 사냥장면이 묘사된 뒤 1세기 가까이 지나면 벽화의 나무 표현도 달라진다. 6세기 작품으로 평가되는 평양 내리1호분 널방 천장고임 벽화 달에는 계수나무와 옥토끼가 함께 그려지는데, 조그맣게 묘사된 계수나무의 형상이 사실적이다. 기둥처럼 솟은 나무줄기며 좌우로 뻗은 가지, 가지 끝에 몽실몽실한 이파리들까지 제법 나무다운 나무로 보인다.

진파리1호분 널길 벽에 그려진 천수국(天壽國) 연못 둘레의 나무들도 무용총 벽화 나무에서 확인되는 고사리식 표현과는 질적 차이를 보인다. 진파리4호분 널방 벽의 현무(玄武) 좌우에 배치된 두 그루씩의 상록수는 당시 동아시아 중국 남북조 사회에서 유행하던 강한 기운의 흐름에 휩싸여 흔들리는 나무 형상으로 묘사되었다. 어느 정도 양식화되었음에도 벽화의 나무들은 보는 이의 눈에 기운의 강한 흐름을 타고 심하게 흔들리고 있다는 느낌을 줄 정도로 사실적이다.

강서대묘 널방 천장고임 벽화 〈산악도〉 중의 나무도 사실감 있게 표현되었다. 산의 크기로 보면 나무의 개별적 표현이 어려우나 화가는 산기슭에 소나무나 잣나무 같은 늘 푸른 나무 여러 그루를 잇달아 그려 넣었다. 기본적으로 비례가 맞지 않음에도 불구하고 산과 나무들 사이에 눈에 거스를 정도의 뚜렷한 어그러짐은 빚어지지 않는다. 화가 나름의 계산이 제대로 효과를 본 경우다.

나무 표현에서 나타나는 이런 변화와 관련하여 눈길을 끄는 또 하나의 사례는 오회분4호묘 널방 천장고임의 문명신(文明神)들 사이에 그려진 부채꼴 나무들이다. 매우 세련된 필치로 묘사된 이 나무들은 무용총 벽화에서 보듯이 화면이 바뀜을 알리는 칸막이 역할을 한다. 그러나 비슷한 시기의 작품인 진파리4호분의 나무들과 달리 이 나무들은 줄기와 가지가 뚜렷이 구분되지 않은 상태로 위로 돋아 올랐으며 이파리 전체가 복숭아 꼴로 마무리되는 등 사실감이 부족하다. '하늘세계의 나무'라서 이런 식으로 표현되었을 수도 있으나 관념이 사실을 압도하면서 나타난 현상일 수도 있다. 한 시대 고구려 남북의 나무 인식과 표현에 차이가 뚜렷했음을 드러내는 사례의 하나로 볼 수도 있을 것이다.

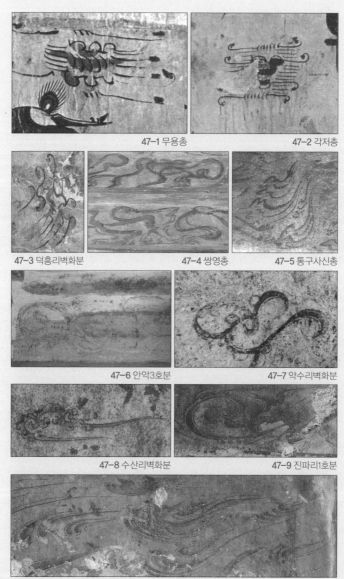

47-1 무용총   47-2 각저총

47-3 덕흥리벽화분   47-4 쌍영총   47-5 통구사신총

47-6 안악3호분   47-7 약수리벽화분

47-8 수산리벽화분   47-9 진파리1호분

47-10 운기화생하는 상서로운 새(진파리1호분)

그림 47 **구름무늬**

구름무늬

무용총 〈사냥도〉 화면 상단 가운데, 온 힘을 다해 달아나는 한 쌍의 사슴 중 수컷의 엉덩이 위에 커다란 구름무늬가 묘사되었다. 사냥이 이루어지는 이 공간이 어떤 곳인지를 알게 하는 기호다. 화가는 그림을 그리면서 말로 설명하고 싶은 것을 기호로 나타내기도 한다. 높고 깊은 산골짝 사이를 부지런히 오르내리거나 산골짝 앞뒤의 벌판을 빠르게 내달리고 있다는 것을 보여주려면 산이 물결 흐르듯이 구불거리며 지나가는 것처럼 묘사한다. 이때 산은 산이면서 기호다.

사냥장면에 단 한 차례 등장하는 이 구름무늬는 단순히 하늘을 나타내기 위한 것은 아니다. 죽은 이가 살게 된 새 삶터에서 생전처럼, 오히려 그보다 멋지게 산야를 누비며 사냥을 즐기고 있음을 알게 하려는 것이다. 국내성에서 멀리 떨어지지 않은 산야에서 막 진행되었던 사냥처럼 보이지만, 미래의 어느 순간이 벽화로 먼저 그려진

셈이다. 화가는 이 복잡한 형태의 구름무늬로 그런 사실을 확인시켜
준다.

　무용총에 〈사냥도〉가 그려지던 시기의 중국에서는 '운기화생(雲氣
化生)'으로 불리는 관념이 사람들의 입과 화가들의 손길에 오르내렸
다. 구름같이 피어오르는 기운이 새로운 생명의 모태가 된다는 것이
다. 연원이 오랜 이 관념이 도교가 유행하면서 도상으로도 표현된 것
이다. 불교도가 낙원으로 여기는 정토(淨土)에서는 연꽃에서 모든 것
이 태어나 어떤 인연에서도 자유로운 존재가 된다는 연화화생(蓮花化
生)이라는 관념에 비견된다고 하겠다.

　운기화생이 순전히 연화화생에 영향을 받아 성립한 관념은 아니
다. 불교가 알려지기 이전부터 중국의 지식인들은 만물에 내재한 생
명의 기운을 '운기'로 설명하려 애썼기 때문이다. 물론 이런 관념을
떠올리게 만든 첫 아이디어는 하늘 높이 떠 있는 구름이었을 것이다.

　중국에서 생명에 내재하는 기운을 인식하고 이를 구체적으로 설
명하고 형상화하려는 시도는 춘추전국시대에 이미 싹을 틔운다. 각
종 칠관(漆棺)이나 칠기(漆器), 청동기물(靑銅器物) 등에 장식된 영물(靈
物), 상서로운 짐승과 새, 괴수의 형상들 사이에 묘사된 긴장되게 뻗
어 나간 곡선형 구름무늬에서 운기화생이라는 관념의 싹이 트고 있
음을 볼 수 있다. 진한(秦漢)시대 공예, 회화에서는 이런 무늬들이 더
욱 다양한 변주를 보인다. 다만 긴장된 곡선으로 생명의 기운을 나타
내려 한다는 점에서는 앞 시대와 크게 다르지 않다.

　흥미로운 것은 중국 한(漢)대의 구름무늬 가운데에는 끝을 새나 용

의 머리 형태로 마무리 짓는 사례들이 자주 보인다는 사실이다. 삼국과 위진시대라는 과도기를 지나 남북조시대에 이르면 운기화생 표현이 본격적으로 펼쳐진다. 보통 새의 머리를 연상시키는 선들로 끝이 마무리되는 운기화생형 구름무늬를 새구름무늬라고 부른다.

기이한 형태의 구름무늬는 이미 춘추전국시대의 중국에서 현실이 아닌 별세계를 나타내는 장치, 기호로 자주 사용되었다. 불사(不死)의 선계(仙界)로 불릴 수 있는 곳이거나 죽은 이가 사는 세계의 표식 가운데 하나가 구름무늬였다. 고구려 초기의 벽화고분인 안악3호분에도 중국 한(漢) 시대의 고분 내부를 장식하던 구름무늬와 유사한 무늬가 등장한다. 무용총 〈사냥도〉의 구름무늬는 이런 기호적 표현의 흐름을 계승한 경우라고 할 수 있다. 사냥터에 묘사된 이 무늬는 무용총 곁 각저총 씨름 장면에도 보인다.

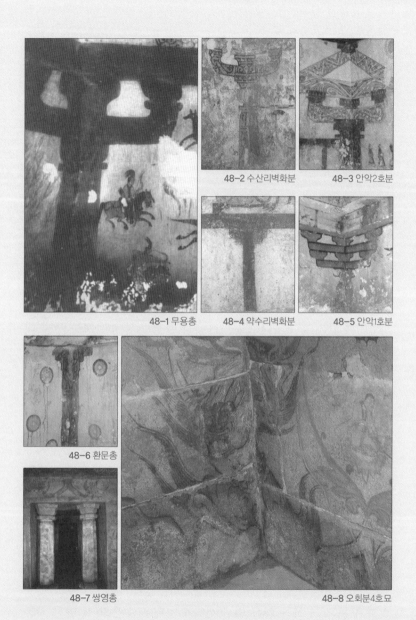

48-2 수산리벽화분　　48-3 안악2호분

48-1 무용총　　48-4 약수리벽화분　　48-5 안악1호분

48-6 환문총

48-7 쌍영총　　48-8 오회분4호묘

그림 48 기둥

기둥

초기와 중기의 고구려 고분벽화에서 자색 기둥과 들보는 무덤 내부가 실내임을 알려주기도 하지만, 땅 위의 공간을 여럿으로 나누고, 땅과 하늘을 구분하게도 한다. 무용총 널방의 자색 기둥은 야외공간을 기능에 따라 구분하기도 하고 실외와 실내를 나누기도 한다. 사냥터는 야외공간이다. 무용총 널방 서북벽은 본래 하나의 화면이나, 두 개의 다른 장면으로 나뉘었다. 높이 솟은 한 그루 거목으로 말미암아 좌우가 나뉜 화면의 북쪽은 사랑방, 혹은 안채의 바깥마당이다. 남쪽은 여기저기 산이 삐죽거리며 솟아 있고 벌판이 넓게 펼쳐진 교외의 너른 공간이다.

널방의 오른벽인 서북벽 화면 전체를 안벽인 동북벽, 앞벽인 서남벽과 구분 짓게 하는 것은 벽 모서리에서 위로 솟은 자색 나무 기둥이다. 이 기둥은 고구려 사람이 짓고 그 안에 살던 집에 실재하던 것이다. 벽과 벽을 잇고 머리 위에서 가로로, 세로로 보를 걸칠 수 있게 한다. 이 기둥이 없으면 벽도 세울 수 없고, 지붕도 올릴 수 없다.

실내에 따로 세운 기둥이 아니라면 기둥은 실외에서도 볼 수 있다. 물론 실외에서 보는 기둥은 건물의 일부에 불과하다. 실외에서 기둥이 보인다고 하여 그것이 실외 공간의 경계가 되지는 못한다. 그런데도 고분벽화에서 기둥은 실외 공간을 나누는 경계의 역할을 한다. 이럴 때 기둥은 '공간을 나누는 경계목'이다. 선돌이나 돌탑, 성벽 같은 것이다.

고분벽화에 표현된 기둥은 형태도 여러 가지이며 무늬도 다양하다. 초기에는 각저총이나 무용총에 보이듯이 단순한 자색 기둥이다. 그러나 고구려 전성기 고분벽화 기둥은 안에 장식이 들어간다. 5세기 중엽 축조된 안악2호분 및 수산리벽화분에서는 무덤칸 기둥이 짜임새 있고 화려한 구름무늬로 가득 채워진다. 환문총 벽화의 기둥에는 하트(Heart) 무늬가 들어가 무덤칸 벽을 장식한 동심원무늬와 함께 무덤 속을 독특한 분위기의 별세계로 만들기도 한다.

한편 쌍영총 앞방과 널방 사이의 두 개의 실물 돌기둥, 이 기둥을 타고 오르는 용, 기둥머리와 받침의 연꽃무늬는 현실 세계의 왕궁을 장식하던 수준에 버금간다. 혹 왕족이나 높은 등급의 귀족저택 기둥에 그려서는 안 되는 무늬가 무덤 속에서는 허용되었기 때문에 가능했던 표현인지도 모른다. 아니면 쌍영총에 묻힌 귀족이 고구려 왕실과 특별한 관계에 있던 인물일 수도 있다.

쌍영총에는 기둥 장식으로 등장했던 용이 6세기의 고분벽화에서는 기둥을 대신하는 존재로 모습을 드러내기도 한다. 오회분5호묘와 오회분4호묘 벽화에서 기둥은 우주역사의 역할을 담당한 괴수와 용이 함께 받쳐 드는 모습으로 묘사된다.

신화와 전설에서 기둥은 우주나무처럼 하늘과 땅을 잇는다. 하늘을 지탱하거나 넓은 바다에 뜬 섬을 한자리에 머물게 한다. 물론 이런 우주기둥의 역할을 나무만 맡아서 하는 것은 아니다. 신선들의 섬인 봉래, 영주, 방장을 떠받치는 것은 거대한 우주거북이다. 거인 공공(共工)이 들이받으며 우주기둥을 부러뜨리는 바람에 한쪽이 기울어진 하늘을 떠받친 것은 신선 섬을 받치던 거대한 거북의 다리다. 그러나 어느 것에나 '기둥'의 이미지, 의미가 투사된 점에서는 같다.

그런 점을 고려하면 무용총 널방 벽 모서리의 자색 나무 기둥의 본래 역할은 받침이다. 그러나 화면 안의 〈사냥도〉와 〈우교차도〉를 두 장면으로 나누는 데 쓰인 아름드리나무도 기둥을 겸한 존재이듯이 이 자색 나무 기둥에 화면 나눔 기능이 주어진 것도 자연스럽다고 하겠다. 벽 모서리 좌우를 장식한 자색 나무 기둥에 무덤칸이 천 년 세월 흐트러짐 없이 버티도록 세우고 받치는 굳건한 힘이 배어 있도록 화가의 필력이 더해지고 또 더해졌는지도 모른다.

49-1 무용총

49-2 약수리벽화분

49-3 안악2호분

49-4 덕흥리벽화분

49-5 삼실총

49-6 오회분4호묘

49-7 강서중묘

그림 49 들보

50-1 소를 부는 신인(오회분4호묘, 중국 시안)

50-2 백학을 탄 선인(오회분4호묘)

50-3 하늘을 나는 선인(무용총, 중국 지안)

50-4 기린(무용총)

50-5 평상 위의 선인(무용총)

50-6 들보의 위와 아래(무용총)

그림 50 선인과 상서동물

들보

벽과 천장은 들보로 나뉜다. 고분벽화에서 들보는 땅과 하늘 사이를 가로지른다. 무용총 〈사냥도〉는 땅에서 이루어지는 일을 그림으로 옮겨 놓은 것이다. 들보 아래에서 일어나는 일이다. 벽화에서 기둥이 좌우를 나누었다면 들보는 위와 아래를 구분 지었다. 기둥으로 나뉜 화면은 땅 위의 세계가 형상화된 경우다. 하지만 들보로 말미암아 나뉜 위, 아래의 세상은 공간이 지닌 성격이 아예 다르다.

아예 다른 세상의 경계라는 점에서 들보는 넘을 수 없는 선이다. 땅에 그어진 금을 넘는다고 하여 넘은 사람의 다리가 갑자기 새 발로 바뀌며 어깨에 날개가 돋지는 않는다. 그러나 땅에 살던 사람이 하늘 위로 올라간다면 해와 달, 별들의 세계 고유의 질서와 원리 속으로 들어가는 것이다. 날개가 돋지 않고도 날고, 백학(白鶴)을 마음대로 부리며 별들 사이를 자유롭게 다닐 수도 있다.

무용총 〈사냥도〉 들보 위의 세상에서는 실제 이런 일들이 벌어진다. 연봉오리가 떠오르다가 연꽃이 되어 별세계의 문을 열면 불로불사의 선인들이 여러 마리의 백학을 말처럼 부리며 허공을 날아다니는 세계가 눈에 들어온다. 목이 기이하게 길고, 귀가 당나귀 귀 같은 남녀 선인들이 거문고를 뜯으며 하늘의 음악을 연주하는 모습을 두 눈으로 볼 수 있다.* 이 세계의 어떤 선인들은 날개도 없이 동서남북으로 흐르는 하늘의 기운을 타고 허공을 이리저리 날아다닌다. 기린과 하늘말, 하늘사슴 같은 상서로운 짐승들이 허공을 가로지르며 별들 사이를 뛰어다니고 해 안에서는 세발까마귀가 홰를 치고, 달 속 두꺼비는 신비한 기운을 내뿜는다.

고분벽화에서 들보는 기둥과 함께 표현된다. 자색의 통나무처럼 묘사되기도 하지만 여러 가지 아름다운 무늬로 장식되어 무덤칸을 더욱 신비롭고 화려한 공간으로 재탄생시키기도 한다. 때로 들보는 두 세상의 경계답게 나무가 아닌 얽힌 용들의 무리로 모습을 드러내

---

* 왕족은 보통 사람과 신체의 일부분이 다르다는 믿음도 이런 사고방식과 관련이 깊다. 신라 골품제의 진골, 6두품 등의 용어도 신분과 지위가 다른 사람들은 신체로도 구분된다는 사고를 반영한다. 신라의 왕가에서는 신체의 다름을 강조하는 이야기가 여럿 후대까지 전해 내려왔다(재위 23년 만인 건초(建初) 4년 기묘(己卯)에 세상을 떠났다. 소천구(疏川丘) 속에 장사를 지냈는데 그 후 신(神)이 명령하기를 "내 뼈를 조심스레 묻어라." 했다. 그 두개골의 둘레는 3척 2촌이고 몸 뼈의 길이는 9척 7촌이나 되었다. 치아[齒]는 서로 붙어 마치 하나가 된 듯하고 뼈마디 사이는 모두 이어져 있었다. 이는 이른바 천하에 당할 자 없는 역사의 골격이었다.《三國遺事》卷1,〈紀異〉1, 第四 脫解王; 왕은 음경(陰莖)의 길이가 1척 5촌이나 되어 훌륭한 배필을 구하기가 어려웠으므로 사신을 삼도(三道)에 보내 배필을 구하였다.《三國遺事》卷1,〈紀異〉1, 智哲老王; 왕이 임금의 자리에 오르자 왕의 귀는 갑자기 길어져서 당나귀의 귀처럼 되었다.《三國遺事》卷2,〈紀異〉2, 四十八 景文大王).

기도 한다. 삼실총 무덤칸 네 벽의 들보는 39마리의 용이 얽힌 상태로 묘사되었다. 용이 하늘과 땅을 오가며 두 세계를 잇고 나누는 존재로 인식되었음을 알게 한다.

들보 위의 세모꼴 불꽃무늬는 들보가 두 세계의 경계를 가로지르고 있음을 재확인시켜 준다. 세모꼴 불꽃무늬는 들보 위의 세상이 특별한 기운이 서린 곳임을 직감하게 한다. 귀족이라는 이유로 많은 시종을 거느린 채 말이나 소가 끄는 수레를 타고 행차하지 않아도 가고 싶은 곳 어디라도 간단한 차림으로 나서도 이를 수 있다. 스스로 날 수도 있고, 선인의 마음을 읽은 백학이며 용, 기린 등이 언제라도 곁에 와 붙지 않겠는가?

그러나 들보 위의 하늘 세상은 이 세상 사람에게, 심지어 저세상에 갈지라도 이르기 어려운 곳이다. 해와 달, 별들의 세상에 아무나 들어갈 수는 없는 것 아닌가? 고분벽화의 시대가 끝나기까지 무덤칸 벽의 나무 기둥은 사라져도 들보는 남는다. 기둥에 해당하는 우주괴수며 용이 아예 사라진 강서대묘, 강서중묘 벽화에서도 들보의 역할을 하는 벽과 천장 사이의 무늬 띠가 남는다. 서로 다른 두 세계 사이의 경계는 있어야 하기 때문이리라.

5부

기
법

51-1 널방 내부(강서소묘, 북한 남포)　　51-2 밑그림(키질서굴, 중국 신강)

51-3 청룡 부분(강서대묘, 북한 남포)　　51-4 외양간의 소(안악3호분, 북한 안악)

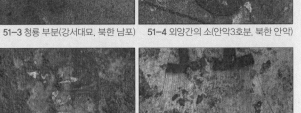

51-5 천수국 연못의 하늘연꽃　　　　　51-6 시녀들의 주름치마
　　(진파리4호분, 북한 평양)　　　　　　　(수산리벽화분, 북한 남포)

51-7 천장돌 위에 그린 연꽃　　　　　　　51-8 해
　　(안악3호분, 북한 안악)　　　　　　　(진파리1호분, 북한 평양)

그림 51 벽화 감상

벽화를 보며

"붓이 지나간 지 얼마 되지 않았어. 붓이 스친 자국이 생생하잖아."

아, 이렇게 선이 흘렀구나! 싶었다. 선도 색도 살아 있었다. 조금 전 통에서 붉은색 안료를 붓에 적셔 벽 위에 입혔음이 확실했다. 두 눈이 그렇게 읽었다. 붉은빛 주사(朱砂)를 개어 색이 그대로 살아 있는 상태로 붓에 묻혀 벽으로 옮겼다. 틀림없다. 새로 전각(篆刻)을 낸 인장의 붉은 인주가 종이며 비단에 올리는 순간이 눈에 들어오는 듯했다. 어쩌면 그보다 더 생생하다고 해야 할 것이다.

인물 하나하나가 살아 있었다. 말이며 각종 짐승, 산과 들판, 나무, 모두 그랬다. 그런 까닭일까? 화면의 모든 것에 생명의 기운이 넘쳐 흘렀다. 활동사진에서 한 걸음 더 나간 동영상의 스틸도 이보다 생생하게 살아 있을까? 말을 몰아 달려드는 사냥꾼들, 이를 피해 살려고 달아나는 짐승들의 헐떡거리는 숨소리가 고막을 울렸다. 훅훅하는 입김이 볼을 뜨겁게 했다. 나도 모르게 주먹을 쥐고 있었다. 손바닥에는 땀이 흥건히 괬다. 숨도 턱에 받치는 듯 쉬기 힘들었다.

100년, 200년도 아닌 1500~1600년 전 작품이다. 그 시대의 사람은 뼈도 어쩌다 남아 있을 뿐이다. 그들이 쓰던 말도 몇 마디 겨우 전할 정도다. 그들이 만들거나 사용하던 건 불타거나 삭아서 사라진 지 오래다. 좀이 슬어 구멍 뚫린 채 있다가 말라 부서지며 바람에 날려 없어진 것도 있다. 그나마 남은 게 있었다 할지라도 흙에 덮여 썩어 없어지고 말았다. 남은 것은 돌조각과 돌무더기, 어쩌다 흙에 섞여 나오는 회 조각들이 전부다. 성이며 무덤도 버려지거나 잊힌 상태로 오랜 세월을 견디다가 우리 눈앞에 남은 모습을 보여줄 뿐이다.

그런데 천수백 년을 건너며 조용히 숨을 고르고 겨울잠 자듯이 가만히 자리를 지키던 것들이 있구나. 때를 기다렸는가? 긴 잠에 그냥 빠져든 채 깨어나지 못했던가? 아예 깨어나지 않으려 영원한 잠에 들으려 작정했는지도 모른다.

누가 보는 것도 아닌데 화가는 화면의 모든 것이 살아 있어야 한다는 일념을 붓끝에 실었다. 사냥터의 일거수일투족을 붙잡아 화폭에 실었다. 사냥꾼과 말, 숲과 들판, 골짝에 살던 짐승 하나하나에 생명을 불어넣어 화면 안에서 살아 움직이게 했다. 그는 무덤주인이 살았던 시대가 아니라 살게 될 시대를 화면에 담으려 했을까? 사냥터의 한순간이 자신이 창조한 한 세상, 이 화면 안에서는 영원히 살아 있는 현재가 되기를 바란 것일까?

52-1 사냥(무용총 벽화 모사선화, 중국 지안)

52-2 사냥(무용총, 중국 지안)

52-3 승려들의 설법을 듣는 주인(무용총 벽화 모사선화)

52-4 승려들의 설법을 듣는 주인(무용총)

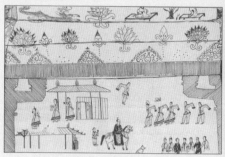

52-5 가무를 관람하는 주인(무용총 벽화 모사선화)

52-6 가무를 관람하는 주인(무용총)

그림 52 **벽화를 완성하기까지**

벽화는 어떻게 그리는가?

차곡차곡 돌을 쌓아 벽을 만들고 그 위에 들여쌓기를 하면서 천장 고임을 올리면 무덤칸 하나가 완성된다. 돌이 서로 맞물리며 버티도록 단단히 쌓아 올린 벽과 천장의 바깥은 회와 숯을 섞어 덮고 다시 그 위에 흙을 덮어 마무리 짓는다.

그러나 무덤칸 안은 말 그대로 방 안이다. 죽은 이의 관과 부장품이 놓이고 화려한 비단 막이 드리워지므로 벽과 천장도 보기 좋게 마감해야 한다. 먼저 돌 위를 점도가 높은 흙으로 덮은 뒤 짚을 섞은 거친 회를 그 위에 두껍게 바른다. 다시 조금 고운 회를 그 위에 바른 다음 곱게 빻아 물에 반죽한 백회를 얇게 덧발라 하얗고 고운 벽과 천장고임이 되게 한다. 무덤칸 바닥은 흙을 다지고 숯과 회를 섞은 층을 한 겹 놓고, 다시 한 겹 덧바른 뒤 마지막으로 두껍게 회를 올려 단단히 다져 마무리 짓는다.

화가는 고운 백회로 덮인 벽과 천장고임에 어떤 그림을 넣을지 진지하게 고민하지만, 사실 큰 틀에서 벽마다 묘사될 그림은 정해져 있다. 널방의 가장 안쪽, 방 입구에서 마주 보게 되는 안벽에는 무덤주인 부부가 남녀 시종의 시중을 받으며 편안한 내세 삶을 누리는 장면이 그려진다. 무용총의 경우, 무덤주인이 두 명의 승려를 대접하면서 이들에게 불교의 교리를 설명 듣는 듯한 장면이 널방 안벽에 그려졌다. 무덤주인 부부의 내세 삶에 불교가 깊이 개입해 들어오면서 나타난 변화인 셈이다.

무덤칸 안에 어떤 그림을 그릴지가 정해지면 화가는 가지고 있던 화본을 바탕으로 한 벽 한 벽, 벽마다 밑그림을 그려 넣는다. 화면 크기에 맞게 그린 맞춤 화본을 화면 위에 대고 죽필(竹筆)로 밑그림 선을 따 넣는 게 처음 일이다. 그런 다음 화면 위에 그림 붓으로 붉은 밑그림 선을 슬쩍 다시 그려 넣기도 한다. 채색을 위한 바탕 작업이다.

화가의 창의성, 예술성은 채색 과정에 두드러지게 나타날 수 있다. 그러나 이 경우에도 오랜 기간 스승에게서 제자에게로 화업이 이어지는 과정이 있으므로 어떤 화가라도 어느 정도 정해진 틀 안에서 재량껏 재주를 뽐낼 수밖에 없다.

매우 단순할 수 있지만, 등장인물의 저고리와 바지를 다른 색으로 칠한다든가, 나란히 선 인물들의 옷 색깔이 서로 엇갈리게 하여 변화를 준다든가 하는 것도 화가들에게는 당연하게 받아들여지던 오랜 관행에서 비롯된 표현일 수 있다. 무용총 〈사냥도〉에서 가까운 산은 희게, 그 뒤는 붉게, 먼 산은 노랗게 채색하는 것도 화가들 사이에 통용되던 채색 방법이다.

고분벽화 채색 과정에는 자색이 자주 사용된다. 색조의 흐름을 보아도 벽화에는 난색 계열이 주조를 이루어 무덤칸 안에 아늑한 감이 흐르게 한다. 무덤칸이 죽은 이의 쉼터이자 새 삶터로의 출발점이라는 인식과 관념에서 비롯된 관습이기도 하다. 동서를 막론하고 붉은색은 생명의 색으로 인식된다. 이런 사실을 고려하면 벽화 채색에 붉은색 안료가 애용되는 것은 자연스러운 현상이라 해야 할 것이다.

화면에 배치된 여러 제재의 채색이 마무리되면 화가는 검은 먹선으로 윤곽선을 넣어 각종 형상이 눈에 뚜렷이 들어오게 한다. 채색 과정에 형상의 경계가 뚜렷하지 않게 되기도 하므로 화가는 윤곽선 넣기로 벽화 작업을 마무리한다. 물론 나무의 줄기나 이파리 등은 윤곽선으로 말미암아 형상 표현이 오히려 어색해질 수도 있으므로 별도의 먹선 넣기를 하지 않는 게 일반적이다.

진사(辰砂)나 석록(石綠), 연백(鉛白), 황토, 금 등 벽화 채색에는 주로 광물성 안료가 사용된다. 물론 송연묵(松煙墨) 같은 식물성 안료도 함께 쓰인다. 안료 접착제로는 소가죽이나 개가죽풀 아교, 민어부레 풀 어교, 도박풀 해교(海膠) 등 필요에 따라 동물성, 식물성 재료가 개발·사용되었다. 벽화 작업은 고운 백회층 위에서 이루어지기도 하고 잘 다듬은 돌면이 그대로 쓰이기도 한다. 주로 백회층 위에 채색작업이 이루어지던 고구려 전기 및 중기와 달리 고구려 후기에는 대부분 고분벽화가 돌면 그대로를 캔버스로 삼아 그려진다.

53-1 사냥(무용총)

53-2 주인부부의 외출(수산리벽화분)

그림 53 중요한 것은 크게, 그렇지 않은 것은 작게

중요하면 크게, 그렇지 않으면 작게!

누구나 보이는 대로 그린다. 그러나 어떻게 보는가, 어떻게 보이는가는 사람에 따라 다르다. 또 보는 방식은 사회적으로 혹은 개인적으로 학습되기도 한다. 종교와 민족에 따라 이렇게 보라, 저렇게 보라고 하기도 한다. 심지어 시대나 지역, 계층이나 신분이 다르면 이것은 크게, 저것은 작게, 아예 보이지도 않는 것처럼 보라고 하기도 한다. 그러니 새처럼 보라라든가, 물고기처럼 보라고 한다고 해도 이상하다고 하기 어렵다.

가까이 있는 것은 크게, 멀리 있는 것은 작게 그리는 것이 원근법이다. 보통 원근법은 시점이 하나여서 시선이 닿은 끝에 소실점이 생기는 일점투시(一點透視)와 짝을 이룬다. 일점투시 원근법이 가까이 있는 것은 실제보다 크게, 멀리 있는 것은 작게 그리게 한다. 보이는 대로 그리는 것이지만 사물의 실제가 화면에 그대로 재현되는 것은 아

186

니다. 말 그대로 내 눈으로 보는 세상일 뿐이다.

세상이 보는 눈, 특별히 종교나 사회적·제도적으로 정해진 특정한 가치 판단에 바탕을 두고 어떤 것은 크게, 다른 것은 작게 그려 그런 가치 판단을 알게 하는 묘사법은 지금도 유효한 오래된 회화 기법의 하나이다. 대상이 지닌 사회적, 종교적 무게감을 비례적으로 표현한 그림은 일점투시 원근법에 익숙한 사람의 눈에는 짜임이 뒤죽박죽이고 표현이 어설픈 작품으로 비친다. 그러나 적용된 기법이 다를 뿐이다. 대상 비중 표현법이 눈에 익은 사람에게는 당연하고도 자연스러울 수 있다.

무용총 〈사냥도〉를 그린 화가도 드러나지 않게 대상 비중 표현 기법으로 화면을 구성하였다. 물론 화면 전체는 새의 눈으로 읽어내는 조감도식 펼침으로 보는 이로 하여금 사냥터가 한 눈에 들어올 수 있게 하였다. 화면 한가운데 호랑이를 뒤쫓는 기마인물은 머리에 두 개의 새깃을 장식한 절풍을 썼다. 이 사람은 분명 산 너머에서 사슴 두 마리를 쫓는 뭉치 새깃 장식 절풍을 머리에 쓴 인물보다 신분이 낮다. 그런 때문일까? 두 사람을 거의 같은 크기로 그렸음에도 보는 이에게는 사슴 두 마리에게 활시위를 겨누는 인물이 눈에 더 두드러진다.

정작, 이 화면에서 눈여겨보아야 할 것은 사냥꾼을 피해 달아나고 있는 암수 한 쌍의 사슴과 호랑이다. 죽을힘을 다해 달아나는 화면 한가운데의 호랑이가 상단의 사슴 한 쌍보다 작게 그려져 의문을 자아내는 까닭이다. 아주 어린 호랑이가 아니라면, 사냥꾼에게서 아주 멀리 떨어져 있는 것이 아니라면 화가는 의도적으로 호랑이를 사람보다 작게 묘사했다고 보아야 할 것이다. 반면에 화면 상단의 사슴 한 쌍은 일부러 말만 하게, 호랑이보다 훨씬 크게 그린 것으로 보인다.

고구려의 건국시조 주몽은 군사로 송양국을 포위하고 왕의 항복을 받으려 하였다. 그러나 송양왕은 이를 거부했다. '버티겠다는 거로군. 어디 얼마나 버티나 볼까?' 주몽은 흰 사슴 한 마리를 사로잡아 거꾸로 매달아 울게 한다. 그러자 하늘에서 이 간절한 울음소리를 듣고 큰비를 내려 송양국의 도읍을 물에 잠기게 했다.

'큰일 났다. 듣던 대로 저 사람은 하늘의 아들인가 보다.' 왕과 백성 모두 오리며 물고기, 물귀신의 친구가 될 지경에 이른 송양왕은 항복하고 만다. 고구려 사람들에게 사슴은 땅과 하늘 사이를 잇는 메신저였다. 송양국 사람들에게도 마찬가지였을 것이다. 이 〈사냥도〉에서 한 쌍의 사슴이 가장 크고 뚜렷하게 그려진 것도 이 때문이리라.

〈사냥도〉를 그린 화가에게 사슴보다 호랑이를 더 크고 자세하게 묘사하고 싶은 마음이 있었을지라도 막상 화면에 호랑이며 사슴을 그려 넣을 때는 다른 선택의 여지가 없었을 것이다. 귀족에게서 주문받은 그림을 그리는 처지에서 화가의 개인적인 기호나 예술가적 의도는 제한받을 수밖에 없기 때문이다. 화가도 그 시대의 사회적 통념을 잘 알고 있었을 것이다. 혹 그것을 깨고 나올 때 자신의 앞일을 기약하기 어렵다는 예감을 떨칠 수 없다면? 화가는 자신이 사는 시대에 머무를 수밖에 없지 않겠는가?

54-1/54-2 사냥(무용총)

54-3 매사냥(삼실총)

54-4 매사냥(장천1호분)

그림 54 두 장면을 한 화면에

그림 55 하늘연꽃 피어나기(무용총)

두 장면을 한 화면에(이시동도): 사건의 진행, 시간의 흐름을 한 화면에 그리기

한 화면에 한 사건의 모든 과정을 그려내기는 어렵다. 칸을 질러 여러 개로 나뉜 화면들을 나란히 둔다든가 기호를 곁들여 시간의 흐름을 함께 나타내는 정도가 최선일 수 있다. 언어가 문자로 표현되는 과정도 결국 그림과 기호를 조합시키는 방식을 발전시키는 긴 시간의 흐름이었다.

화가는 자신이 보거나 생각하는 것을 형상화하려고 할 때 '어떻게 한 화면에 그릴까?', '좀 더 단순하면서도 확실하게 알아보게 하는 방법이 있을까?'를 고민한다. 그런 모색 속에 탄생한 기법의 하나가 '한 화면에 두 장면 그리기'이다. 물론 칸 지르는 번거로운 방법을 쓰지는 않는다. 자연스럽게 그런 효과를 내려고 할 뿐이다.

아예 다른 장면이라면 칸 지르는 막대 대신 거대한 나무로 그런 효과를 나타낼 수도 있을 것이다. 그러나 하나의 사건, 주인공이 바뀌지 않는 일련의 움직임이라면 막대로 장면을 나누는 것도 어색한 일이다. 무용총 〈사냥도〉에는 화가가 주인공을 화면에 두 번 등장시킨 듯이 보이는 부분이 있다. 짐작대로라면 화가는 이런 기법으로 화면의 주인공이 누구인지 잘 알게 했다고 할 수 있다. 화살 하나로 꿩 두 마리, 그것도 장끼 두 마리 잡은 셈이랄까?

무용총 〈사냥도〉 한 구석에는 말을 타고 천천히 사냥터로 나오는 듯한 인물이 보인다. 넓은 산야가 사냥터이니 이웃집 나들이 가는 마음은 아닐 것이다. 그런데 기마인물의 얼굴에는 무표정에 가까운 담담함이 흐른다. 어쩌면 그의 이런 표정은 '오늘의 사냥'에서 하늘에 제사 지낼 붉은 사슴 같은 것을 꼭 잡아야 한다는 부담을 애써 감추려 한 때문인지도 모른다.

머리에 새깃으로 가득한 절풍을 썼지만 황색 말을 타고 무대 앞으로 나오는 그와 화면 가장 위에서 흰 말을 타고 산을 여럿 가로지르며 붉은 사슴 한 쌍을 뒤쫓다가 파르티안 샷으로 화살을 날리는 기마사냥꾼은 서로 다른 인물처럼 보인다. 언뜻 보면 두 사람이 머리에 쓴 절풍의 새깃 수도 차이가 있다. 절풍을 장식한 새깃의 수로만 보면 황색 말을 탄 인물이 신분과 지위가 더 높다.

그러나 흰 말을 타고 두 마리 사슴을 쫓는 인물이 사냥터에서 가장 중요한 역할을 담당하는 것과 달리 황색 말을 탄 인물은 사냥터로 막 들어서는 듯한 자세이다. 무용총 벽화의 다른 화면에서 주인공은 뚜렷이 자신을 드러낸다. 말 타고 나가며 배웅을 받는다든지 승려들을 초청해 설법을 듣고 있다. 사냥터에서만 별 역할이 없다면 뭔

192

가 앞뒤가 맞지 않는다.

타고 있는 말의 색깔에 변화를 준다든가 절풍에 꽂은 새깃이 더 적어 보인다든가 심지어 허리에 찬 화살통의 위치가 바뀌었다든가 하는 차이가 혹 화면에 변화를 주기 위한 화가의 의도적 선택일 뿐이었다면? 실제 두 인물이 같은 사람이라면? 그럴 경우, 이 두 인물은 이시동도(異時同圖) 기법이 적용된 동일 인물의 다른 표현이라고 할 수 있다. 주인공이 사냥터로 들어서는 모습, 사냥에 열중하는 장면을 한 화면에 나타낸 경우이다.

진실은 무엇일까? 사실 두 사람을 다른 사람으로 보아도 무방하다. 주인공의 역할이 애매하고 파르티안 샷이라는 어려운 활쏘기를 보여주는 인물이 과연 누구인지가 의문으로 남게 될 뿐이다. 무용총 〈사냥도〉는 구성과 내용, 의도가 모호한 장면이 되는 것이다.

고구려 고분벽화에서 이시동도 기법의 사례는 자주 발견된다. 장천1호분 〈백희기악도〉에는 매사냥꾼이 토시에 앉은 매를 날려 꿩을 사냥하는 장면, 오현금(五絃琴) 연주자와 시녀, 춤꾼이 한 장소에 나타나 연주에 맞춰 춤추는 모습이 이 기법으로 표현되었다. 삼실총 벽화의 매사냥 역시 이시동도 기법으로 묘사되었다. 무용총 널방 천장 고임을 장식한 연봉오리가 연꽃으로 피어 여러 가지 생명체를 낳는 장면 역시 이시동도 기법이 적용된 경우이다. 무용총 〈사냥도〉에서 이런 기법의 사례를 찾은 것은 무리일까?

도판 목록

호분 벽화 모사선화, 중국 지안) 44-3 견우와 직녀(덕흥리벽화분, 북한 남포)

그림45 **산**

45-1 무용총 45-2 덕흥리벽화분 45-3 감신총 45-4 내리1호분 45-5 강서중묘 45-6 강서대묘

그림46 **나무**

46-1/46-2 무용총 46-3 덕흥리벽화분 46-4 약수리벽화분 46-5 내리1호분 46-6 진파리1호분 46-7 오회분4호묘 46-8 강서대묘

그림47 **구름무늬**

47-1 무용총 47-2 각저총 47-3 덕흥리벽화분 47-4 쌍영총 47-5 통구사신총 47-6 안악3호분 47-7 약수리벽화분 47-8 수산리벽화분 47-9 진파리1호분 47-10 운기화생하는 상서로운 새(진파리1호분)

그림48 **기둥**

48-1 무용총 48-2 수산리벽화분 48-3 안악2호분 48-4 약수리벽화분 48-5 안악1호분 48-6환문총 48-7 쌍영총 48-8 오회분4호묘

그림49 **들보**

49-1 무용총 49-2 약수리벽화분 49-3 안악2호분 49-4 덕흥리벽화분 49-5 삼실총 49-6 오회분4호묘 49-7 강서중묘

그림50 **선인과 상서동물**

50-1 소를 부는 선인(오회분4호묘, 중국 지안) 50-2 백학을 탄 선인(오회분4호묘) 50-3 하늘을 나는 선인(무용총, 중국 지안) 50-4 기린(무용총) 50-5 평상 위의 선인(무용총) 50-6 들보의 위와 아래(무용총)

그림51 **벽화 감상**

51-1 널방 내부(강서소묘, 북한 남포) 51-2 밑그림(키질석굴, 중국 신강) 51-3 청룡 부분(강서대묘, 북한 남포) 51-4 외양간의 소(안악3호분, 북한 안악)

| 국문 |

강현숙(2013), 《고구려 고분 연구》, 진인진.

국립중앙박물관(2006), 《고구려무덤벽화-국립중앙박물관모사도》, 주자소.

김광언(2007), 《韓·日·東시베리아의 사냥-狩獵文化 比較誌》, 민속원.

金美子(1997), 〈高句麗 古墳壁畵를 통해 본 高句麗 服飾에 관한 硏究〉, 《高句麗硏究》4, 고구려연구회.

김영숙(1988), 〈고구려무덤벽화에 그려진 기둥과 두공 장식에 대하여〉, 《조선고고연구》1988년 4호.

김영하(1985), 〈高句麗의 巡狩制〉, 《歷史學報》106.

金容文(2004), 〈壁畵에 나타난 高句麗의 머리모양과 化粧文化〉, 《高句麗硏究》17.

金元龍(1976), 〈사마르칸드 아프라시압 宮殿壁畵 使節圖〉, 《考古美術》129·130.

金正基(1980), 《韓國木造建築》, 一志社.

김혜숙(1993a), 〈고구려벽화무덤에 그려진 수렵도의 유형에 대하여〉, 《조선
　　고고연구》 1993년 2호.

김혜숙(1993b), 〈고구려 무덤벽화의 수렵도에 반영된 사냥도구에 대하여〉,
　　《조선고고연구》 1993년 4호.

노태돈(1999), 《고구려사연구》, 사계절.

노태돈(2003), 《예빈도에 보인 고구려-당 이현묘 예빈도의 조우관을 쓴 사절
　　에 대하여》, 서울대학교출판부.

력사과학연구소(1975), 《고구려문화》, 사회과학출판사.

리광희(2005), 《고구려유물연구》, 과학백과사전출판사.

문화보존연구소편집부 편(1983), 《우리나라역사유적》, 과학백과사전출판사.

박유미(2014), 《高句麗 飮食文化史 硏究》, 인하대학교 박사학위논문.

박유미(2015), 〈고구려 육류음식문화의 실제와 양상〉, 《고조선단군학》 33.

박진욱(1988), 〈아흐라샤브 궁전지 벽화의 고구려 사절도에 대하여〉, 《조선
　　고고연구》 1988년 3호.

박진욱·김종혁·주영헌·장상렬·정찬영(1981), 《덕흥리고구려벽화무덤》, 과
　　학백과사전출판사.

사회과학원 고고학연구소(1977), 《조선고고학개요》, 과학백과사전출판사.

사회과학원고고학연구실 편(1966), 《미천왕무덤》, 과학원출판사.

사회과학원 력사연구소·김일성종합대학 력사학부(1996), 《조선기술발전사》
　　2(삼국사기, 발해, 후기신라 편), 과학백과사전종합출판사.

서길수(2015), 〈외국 高句麗 인물화에 나타난 닭깃털관(鷄羽冠)과 高句麗의
　　위상〉, 《고구려발해연구》 51.

서영대(2009), 〈한국 고대의 제천의례〉, 《한국사시민강좌》, 일조각.

徐廷昊(2004), 〈壁畵를 통해서 본 高句麗의 집문화(住居文化)〉, 《고구려연

구》17.

손수호(2001),《고구려고분연구》, 사회과학출판사.

申大坤(1997),〈羽毛附冠飾의 始末〉,《考古學誌》8.

신형식(2003),《高句麗史》, 이화여자대학교출판부

여호규(2014),《고구려 초기정치사 연구》, 신서원.

魏存成(2001),〈高句麗 馬具의 發展과 周邊 民族 및 地域과의 關係〉,《高句
麗研究》12.

윤서석(1997),〈한국 식생활문화의 역사〉,《한국음식대관》제1권, 한국문화재
보호재단.

윤장섭(1996),《韓國의 建築》, 서울대학교출판부.

이경희(2012),《4~5세기 고구려 官服 연구》, 인하대학교 박사학위논문.

李盛雨(1978),《高麗以前의 韓國食生活研究》, 鄕文社.

李松蘭(1998),〈高句麗 古墳壁畵의 天上表現에 나타난 火焰文의 意味와 展
開〉,《美術史學研究》220.

李殿福(1994),《中國內의 高句麗遺蹟》, 학연문화사.

임기환(2004),《고구려 정치사 연구》, 한나래.

전호태(1993),〈고구려 장천1호분벽화의 서역계 인물〉,《울산사학》6.

全虎兒(1996),〈고구려 각저총벽화 연구〉,《美術資料》57.

全虎兒(1998),〈회화〉,《한국사》8(삼국의 문화), 국사편찬위원회.

전호태(1999),《고분벽화로 본 고구려이야기》, 풀빛.

전호태(2000a),《고구려고분벽화연구》, 사계절.

전호태(2000b),〈고구려 고분벽화의 직녀도〉,《역사와 현실》38.

전호태(2004a),《고구려고분벽화의 세계》, 서울대출판부.

전호태(2004b),《벽화여, 고구려를 말하라》, 사계절.

전호태(2008),《고구려 고분벽화 읽기》, 서울대학교출판부.

전호태(2016a),《고구려 벽화고분》, 돌베개.

전호태(2016b),《고구려 생활문화사 연구》, 서울대출판문화원.

鄭守一(2002),〈高句麗와 西域 關係 試考〉,《高句麗研究》14, 고구려연구회.

정완진(2003),《고구려 고분벽화 복식의 지역적 특성과 변천》, 서울대학교 박
　　사학위논문.

정완진(2004),〈고구려 복식의 형태복원〉,《고분벽화로 본 고구려문화》, 고구
　　려연구재단.

조선기술발전사편찬위원회(1996),《조선기술발전사》1(원시, 고대편), 과학백
　　과사전종합출판사.

조선유적유물도감편집위원회 편(1990a),《조선유적유물도감》4(고구려편2),
　　외국문종합출판사.

조선유적유물도감편찬위원회 편(1990b),《조선유적유물도감》5(고구려편3),
　　외국문종합출판사.

조선유적유물도감편찬위원회 편(1990c),《조선유적유물도감》6(고구려편4),
　　외국문종합출판사.

周永河(2004),〈壁畵를 通해서 본 高句麗의 飮食風俗〉,《高句麗研究》17.

한인호(1997),〈고구려 고분벽화를 통해 본 고구려의 건축에 관한 연구〉,《高
　　句麗研究》4.

한인호(1995),《조선중세건축유적연구(삼국편)》, 사회과학출판사.

| 중문 |

耿鐵華(2008),《高句麗古墓壁畵研究》, 吉林大學出版社.

吉林省文物考古研究所編(2009),《吉林集安高句麗墓葬報告集》, 科學出版

　　　社.

文物考古硏究所·集安市博物館(2010),《集安出土高句麗文物集萃》, 科學出
　　　版社.

燉煌文物硏究所(1999),《中國石窟 燉煌莫高窟》三, 文物出版社.

董書業(1948),〈中國古代史籍中的高句麗服飾與通溝出土墓壁畵中的高句
　　　麗服飾〉,《文物週刊》72.

孫仁杰·遲勇(2007),《集安高句麗墓葬》, 香港亞洲出版社.

孫進己·孫海 主編(1997),《高句麗渤海硏究集成》高句麗卷一~五, 哈尒濱出
　　　版社.

吳廣孝(2006),《集安高句麗壁畵》, 山東畵報出版社.

遼寧省博物館·遼寧省文物考古硏究所(2006),《遼河文明展 文物集萃》.

郑春穎(2015),《高句麗 服飾硏究》, 中國社會科學出版社.

| 일문 |

共同通信社(2005),《高句麗古墳壁畵》.

關野貞(1941),《朝鮮の建築と藝術》, 岩波書店.

東潮(1997a),《高句麗考古學硏究》, 吉川弘文館.

東朝·田中俊明(1995),《高句麗の歷史と遺蹟》, 中央公論社.

梅原末治·藤田亮策 編(1966),《朝鮮古文化綜鑑》卷Ⅵ, 養德社.

李成市(1986),〈梁職貢圖の高句麗使圖について〉,《東アジア史上の國際關係
　　　と文化交流》, 文部省科學硏究費補助金硏究成果報告書.

李王職發行(1916),《朝鮮古墳壁畵集》.

朝鮮總督府(關野貞 外)(1915a),《朝鮮古蹟圖譜》一, 名著出版社

朝鮮總督府(關野貞 外)(1915b),《朝鮮古蹟圖譜》二, 名著出版社

朝鮮總督府(1930),《高句麗時代之遺蹟》圖版下卷(古蹟調査特別報告第五
　　　冊).
朝鮮畵報社編輯部 編(1985),《高句麗古墳壁畵》, 講談社(東京).
池內宏·梅原末治(1940),《通溝》卷下(日滿文化協會).

벽화 한 장면으로 고구려를 만나다

무용총
수렵도

초판 1쇄 인쇄 2019년 10월 4일
초판 1쇄 발행 2019년 10월 10일

지은이 　전호태
펴낸이 　홍석
전무 　　김명희
책임편집 김재실
편집 　　홍순용
디자인 　육일구 디자인·서은경
마케팅 　홍성우··이가은·홍보람·김정선·정원경
관리 　　최우리

펴낸곳 도서출판 풀빛 | 등록 1979년 3월 6일 제8-24호
주소 03762 서울특별시 서대문구 북아현로 11가길 12 3층
전화 02-363-5995(영업), 02-362-8900(편집) | 팩스 02-393-3858
홈페이지 www.pulbit.co.kr | 전자우편 inmun@pulbit.co.kr

ISBN 979-11-6172-751-6 03910

이 도서의 국립중앙도서관 출판예정도서목록(CIP)은 서지정보유통지원시스템
홈페이지(seoji.nl.go.kr)와 국가자료공동목록시스템(www.nl.go.kr/kolisnet)에서
이용하실 수 있습니다.(CIP제어번호 : CIP2019034372)